Mirjam Günther

Gemeindenahes Wohnen für Menschen mit geistiger Behinderung

disserta
Verlag

Mirjam Günther: Gemeindenahes Wohnen für Menschen mit geistiger Behinderung.
Hamburg, disserta Verlag, 2015

Buch-ISBN: 978-3-95425-790-4
PDF-eBook-ISBN: 978-3-95425-791-1
Druck/Herstellung: disserta Verlag, Hamburg, 2015
Covermotiv: © laurine45 – Fotolia.com

Bibliografische Information der Deutschen Nationalbibliothek:
Die Deutsche Nationalbibliothek verzeichnet diese Publikation in der Deutschen
Nationalbibliografie; detaillierte bibliografische Daten sind im Internet über
http://dnb.d-nb.de abrufbar.

© disserta Verlag, Imprint der Diplomica Verlag GmbH
Hermannstal 119k, 22119 Hamburg
http://www.disserta-verlag.de, Hamburg 2015
Printed in Germany

Gliederung

1. **Einleitung** 9

2. **Zur Entwicklung der Wohnmöglichkeiten für Menschen mit geistiger Behinderung**...13

  2.1 Geschichte der Unterbringung von Menschen mit geistiger Behinderung 13

    2.1.1   Unterbringung und Verwahrlosung in psychiatrischen Anstalten 15

    2.1.2   „Von der Fürsorge zum selbstbestimmten Leben"..................................16

  2.2 Heimunterbringung bis heute **19**

    2.2.1   Entwicklungen seit 1980 20

    2.2.2   Heimunterbringung im internationalen Vergleich 22

    2.2.3   Neue Entwicklungen zum Heimgesetz 24

    2.2.4   Aktuelle Paradigmen für das Wohnen von Menschen mit geistiger Behinderung 27

3. **Die Neugestaltung des Wohnens für Menschen mit geistiger Behinderung** **33**

  3.1 Wohnwünsche und –bedürfnisse **33**

    3.1.1   Wohnbedürfnisse – Die Funktion des Wohnens 33

    3.1.2   Lebensqualität als Zielkategorie 37

    3.1.3   Wohnwünsche von Menschen mit geistiger Behinderung 40

  3.2 Formen des gemeindenahen Wohnens **47**

    3.2.1   Wohnen im Elternhaus 47

    3.2.2   Wohnen in Gastfamilien 49

    3.2.3   Gruppengegliederte Wohnheime 50

    3.2.4   Möglichkeiten des betreuten Wohnens 51

    3.2.5   Wohngemeinschaften von Menschen mit und ohne Behinderungen 52

    3.2.6   Wohnen in der eigenen Wohnung 53

    3.2.7   Eltern-Kind-Wohnen 55

    3.2.8   Wohnvorbereitung: Trainingswohnen und Wohnschulen 56

    3.2.9   Zusammenfassende Einschätzung 57

3.3 Unterstützungsangebote für gemeindenahes Wohnen **58**

    3.3.1   Regionale Verbundsysteme 60

    3.3.2   Beratungsangebote 62

    3.3.3   Krisenintervention 64

    3.3.4   Community Care 65

    3.3.5   Neues bürgerschaftliches Engagement 68

4. Die Bundesinitiative "Daheim statt Heim" **71**

4.1 Allgemeines zu „Daheim statt Heim" **71**

4.2 Zur Entwicklung der Bundesinitiative „Daheim statt Heim" **72**

4.3 Forderungen und Ziele – geplante Umsetzung **77**

    4.3.1   Thesenpapier der Bundesinitiative „Daheim statt Heim" 78

    4.3.2   Inklusion und Integration durch Heimabbau und Ambulantisierung 79

    4.3.3   Marktsteuerung vs. bedarfsgerechte Unterstützung 81

4.4 Mitglieder der Bundesinitiative **82**

    4.4.1   Silvia Schmidt 83

    4.4.2   Elke Bartz 84

    4.4.3   Ottmar Miles-Paul 85

    4.4.4   Karl Finke 86

    4.4.5   Wolfram Scharenberg 88

    4.4.6   Prof. Dr. Dr. Klaus Dörner 89

4.5 Weitere geplante Aktionen **90**

    4.5.1   Das Kompetenzzentrum „Daheim statt Heim" 91

    4.5.2   Die AG Heimgesetz der Bundesinitiative „Daheim statt Heim" 92

5. Empirischer Teil **95**

5.1 Gegenstand und zentrale Fragestellungen der Untersuchung **95**

5.2 Die Forschungsmethode **97**

5.3 Auswahl der Probanden **99**

5.4 Auswertung und Darstellung der Ergebnisse **100**

6. Abschließende Gedanken **115**

7. Literaturverzeichnis **119**

Anhang 1: Leitgedanken und Inhalte für Länderregelungen zur Ablösung des HeimG..127

Anhang 2: Unterstützer Newsletter der Bundesinitiative „Daheim statt Heim"   ..133

Anhang 3: Förderverein der Bundesinitiative. Satzung des Vereins 136

Anhang 4: Kurzkonzeption Kompetenzzentrum „Daheim statt Heim" 143

Anhang 5: Deinstitutionalisierung von Heimen 147

Anhang 6: Fragebogen Silvia Schmidt 162

Anhang 7: Fragebogen Elke Bartz 165

Anhang 8: Fragebogen Ottmar Miles-Paul 168

Anhang 9: Fragebogen Karl Finke 171

Anhang 10: Fragebogen Wolfram Scharenberg 174

Anhang 11: Fragebogen Prof. Dr. Klaus Dörner 177

Zuhause

ist dort, wo mein Herz

wie ein Stein zu Boden fällt.

(Sprichwort aus Griechenland)

1. Einleitung

Dieses Sprichwort macht auf eine sehr einfache und doch nachvollziehbare Weise deutlich, was es bedeutet, ein Zuhause zu haben. Das eigene Zuhause ist ein Ort der Sicherheit und Geborgenheit. Es ist die sichere Basis, von der aus man die Welt erkunden kann, in dem beruhigenden Gefühl, dass man jederzeit in die Vertrautheit der eigenen vier Wände zurückkehren kann. Im eigenen Zuhause kann man sich wohl fühlen, kann man einfach man selbst sein und man kann sich selbst verwirklichen. Ein Zuhause kann sowohl eine eigene Wohnung sein, als auch ein eigenes Haus. Es kann ein Wohnraum sein, den man mit der eigenen Familie oder mit Freunden teilt. Das Zuhause kann sich aber für manche Menschen auch auf die Nachbarschaft, die Gemeinde, die eigene Stadt oder auch auf das Land in dem man lebt ausdehnen. In dieser Arbeit soll es um die kleinste Einheit dieses Konstruktes von „Zuhause" gehen. Ich werde mich mit dem Thema des Wohnens beschäftigen.

Seit Menschengedenken haben sich die Menschen Wohnraum geschaffen. Das Wohnen zählt zu den Grundbedürfnissen des Menschen und kann in seiner Bedeutung kaum hoch genug eingeschätzt werden. BOLLNOW (1984, S. 123) beschreibt das Wohnen als Wesensbestimmung des Menschen. Wohnen ist nach seinen Ansichten die Grundvoraussetzung für die Selbstverwirklichung eines jeden Menschen. Ein Wohnraum grenzt von der Außenwelt ab, er schafft Intimität und Gestaltungspotenziale in räumlicher und sozialer Hinsicht. Er bietet den Menschen einen weitgehend unkontrollierbaren Freiraum, in welchem sich Individualität, Identität und Autonomie entwickeln können. Der Mensch hat in seiner eigenen Wohnung so viel Freiheit wie nirgendwo sonst. Er kann sanktionsfrei seinen Bedürfnissen entsprechend leben und macht trotzdem die Erfahrung sozialer Zugehörigkeit, da es als 'normal' angesehen wird, über einen eigenen Wohnraum zu verfügen. Kommt es in Krisenfällen (zum

Beispiel durch Kriege oder Naturkatastrophen) zum Wohnungsverlust, hat dies für die Betroffenen meist schwere psychosoziale Folgen. Sie erleben häufig eine Entwurzelung und damit zugleich eine Heimatlosigkeit und den Verlust von Zugehörigkeit innerhalb der Gesellschaft.

Obwohl das Wohnen für alle Menschen von herausragender Bedeutung ist und jeder Mensch verschiedene Wohnwünsche und Wohnbedürfnisse hat, werde ich mich in dieser Arbeit auf eine bestimmte Gruppe von Menschen konzentrieren, denen die Erfüllung dieser Wohnwünsche und –bedürfnisse sowohl in der Vergangenheit, als auch heute noch erschwert und zum Teil auch verweigert wurde und wird. Lange Zeit wurden Menschen mit geistiger Behinderung sogar jegliche Wünsche und Bedürfnisse im Bezug auf eigenen Wohnraum und die Schaffung von einem Zuhause gänzlich abgesprochen. Ihnen wurde eine Bedürfnislosigkeit unterstellt, die sowohl aus den mangelnden sprachlichen Fähigkeiten vieler Menschen mit geistiger Behinderung resultierte, als auch aus einer tatsächlich erlernten Bedürfnislosigkeit, durch welche viele Betroffene es gewohnt waren, Wünsche und Bedürfnisse nicht mehr zu entwickeln und zu äußern, aufgrund der Erfahrung, dass sie ohnehin nicht erfüllt werden. Neuere Entwicklungen in der Arbeit für und mit Menschen mit geistiger Behinderung haben diese Probleme erkannt und sind mit der kontinuierlichen Verbesserung der Wohnsituation für diesen Personenkreis befasst.

Es wird Gegenstand und Ziel dieser Arbeit sein, ein geschlossenes Bild dieser Bemühungen um gleichberechtigte Wohnmöglichkeiten für Menschen mit geistiger Behinderung im Vergleich zu den Wohnmöglichkeiten von Menschen ohne Behinderungen zu geben. Dabei soll schwerpunktmäßig ein besonderes Augenmerk darauf liegen, ob die aktuellen Entwicklungen und Neuerungen in den Wohn- und Unterstützungsangeboten für Menschen mit Behinderungen auch für den Personenkreis der Menschen mit (schwerer) geistiger Behinderung konzipiert sind und für diese Menschen einen gleichberechtigten Zugang zur Formen des gemeindenahen Wohnens bieten. Bevor ich allerdings zu den aktuellen Entwicklungen auf diesem Gebiet komme, werde ich im ersten Teil der Arbeit einen Überblick über die geschichtliche Entwicklung der Wohnmöglichkeiten für den genannten Personenkreis geben. Dieses Kapitel wird mit den neueren Entwicklungen zum Heimgesetz und den aktuellen Paradigmen für die Arbeit mit Menschen mit geistiger Behinderung abschließen. Das folgende Kapitel wird mit der Untersuchung und Beschreibung von Wohnwünschen und Wohnbedürfnissen von Menschen mit geistiger Behinderung beginnen. Dies halte ich deshalb für ausgesprochen wichtig, weil (meiner Meinung nach) auch die Neu- und Umgestaltung von Wohnformen stets mit der Erhebung der Bedürfnisse und Wünsche der Personen beginnen sollte, für welche diese Wohnformen geschaffen werden sollen. Anschließend werden die aktuellen gemeindenahen Wohnmöglichkeiten für Menschen mit Behinderungen dargestellt und erläutert werden. Zum Schluss des dritten Kapitels werde ich verschiedene Systeme und Angebote der Unterstützung von Menschen mit geistiger Behinderung benennen und erklären, die in gemeindenahen und eigenständigen Wohnformen leben.

Im vierten Kapitel meiner Diplomarbeit werde ich die Arbeit der Bundesinitiative „Daheim statt Heim" vorstellen. Diese Initiative wurde vor circa einem Jahr von Vertretern aus den Bereichen der Politik, der Wissenschaft, der Interessenvertretung von Menschen mit Behinderungen und der praktischen Arbeit in der Behindertenhilfe gegründet. Das Ziel der Initiative ist es, systematisch die Heimunterbringung von Menschen mit Behinderungen und von alten Menschen zu stoppen und zu verbieten und stattdessen dafür zu sorgen, dass diesen Menschen ausreichend kleine, dezentrale und gemeindenahe Wohn- und Unterstützungsmöglichkeiten angeboten werden. Im fünften Kapitel wird im direkten Anschluss daran die Vorstellung einer qualitativen Studie erfolgen, welche ich zu der Arbeit der Bundesinitiative „Daheim statt Heim" durchgeführt habe. Im Rahmen dieser Studie habe ich sechs Initiatoren und Erstunterzeichner der Bundesinitiative zu verschiedenen Problemfeldern und Schwierigkeiten befragt, die mir während meiner Beschäftigung mit der Arbeit von „Daheim statt Heim" aufgefallen sind.

Ich werde in dieser Arbeit aus Gründen der Eindeutigkeit und Verständlichkeit den Begriff der „Menschen mit geistiger Behinderung" verwenden, da ich der Meinung bin, dass sich im deutschen Sprachgebrauch bisher noch kein alternativer Begriff etabliert hat, durch welchen man den Begriff der 'geistigen Behinderung' in einer solchen Arbeit ohne die Gefahr von Verwechslungen und Uneindeutigkeiten ersetzen könnte. Ich bin mir trotzdem der Tatsache bewusst, dass die Menschen, für welche dieser Begriff verwendet wird, darauf hinarbeiten, ihn durch andere Begrifflichkeiten zu ersetzen. In den USA wurde von der AAIDD (American Association on Intellectual and

Developmental Disabilities), der größten amerikanischen Selbstvertretungsgruppe von Menschen mit geistiger Behinderung, der Begriff „intellectual and developmental disabilities" eingeführt, der im Deutschen etwa mit „Menschen mit intellektuellen und Entwicklungsschwierigkeiten" übersetzt werden könnte. Jedoch hat sich dieser Begriff im deutschen Sprachgebrauch noch nicht durchgesetzt, so dass ich ihn hier zwar nennen, aber im weiteren Text nicht benutzen werde.

Weiterhin werde ich den Begriff des 'gemeindenahen Wohnens' verwenden. Unter gemeindenahem Wohnen versteht man das Wohnen von Menschen innerhalb ihres gewohnten und angestammten Wohnortes oder ihrer Nachbarschaft. Diese Gemeindenähe ist eng verbunden mit der Entwicklung von kleinen und dezentral organisierten Wohneinheiten und Wohngemeinschaften und kann als Gegenbewegung zur der traditionellen Unterbringung von Menschen mit geistiger Behinderung in Großeinrichtungen außerhalb der Gemeinden verstanden werden. Gemeindenahes Wohnen erleichtert den Menschen mit geistiger Behinderung die Teilnahme am allgemeinen, gesellschaftlichen Leben und fördert gleichzeitig ihre Akzeptanz innerhalb der Nachbarschaft, so dass soziale Kontakte und Beziehungen leichter aufgebaut werden können (vgl. THESING 1998, S. 55ff.).

2. Zur Entwicklung der Wohnmöglichkeiten für Menschen mit geistiger Behinderung

Im folgenden Teil der Arbeit wird die Entwicklung betrachtet, die sich im Laufe der Zeit für die verschiedenen Möglichkeiten des Wohnens für Menschen mit Behinderungen vollzogen hat. Zunächst werde ich einen kurzen Abriss der Geschichte der Unterbringung von Menschen mit geistiger Behinderung geben, wobei ich mich aber auf die Kernpunkte konzentrieren werde, die für diese Arbeit von Bedeutung sind. Der Schwerpunkt dieser geschichtlichen Betrachtung soll außerdem in der Zeit nach dem zweiten Weltkrieg liegen, um eine direkte Entwicklungslinie zu den heutigen Wohnformen für Menschen mit geistiger Behinderung aufzuzeigen.

Anschließend werden die Theorien und Maßnahmen zur Enthospitalisierung betrachtet und danach folgt eine Darstellung der heutigen Lebenssituation von Menschen mit geistiger Behinderung, die in Heimen leben, sowie ein Kapitel zum aktuellen Heimgesetz.

2.1 Geschichte der Unterbringung von Menschen mit geistiger Behinderung

Menschen mit geistiger (und anderer) Behinderung hat es immer schon gegeben, allerdings gab es für sie die unterschiedlichsten Bezeichnungen, wie zum Beispiel Schwachsinnige, Schutzbedürftige, Blödsinnige, Idioten, Missgeburten, Narren, Kretins, Wechselbälger und Fallsüchtige. Oft wurde geistige Behinderung auch vermischt mit Phänomenen des Wahnsinns, des Anormalen sowie mit Armut, was eine genaue Abgrenzung des Personenkreises im Nachhinein schwierig macht (vgl. THEUNISSEN 1999, S. 18).

Der Umgang mit diesen Menschen wurde durch die Epochen hin vor allem durch die verschiedenen Menschenbilder und Erklärungsversuche für geistige Behinderungen bestimmt. Diese reichten von dem Verständnis von Krankheit und Behinderung als Strafe der Götter und damit dem Verstoßen oder Töten von Menschen mit Behinderungen, über die Verteufelung von Behinderung als Werk Satans und der Folterung Betroffener, um ihnen das Übel auszutreiben, bis hin zum Tolerieren oder

Verehren von Behinderten, in der Überzeugung, dass diese die Sünden der gesamten Familie tragen und abbüßen müssten (vgl. MEYER 1983, S. 85f.).

Nach 1500 kam es besonders für Menschen mit schweren Behinderungen vermehrt zu einer „Ausgrenzungspraxis durch institutionelle Versorgung" (THEUNISSEN 1999, S.20). Menschen mit leichter geistiger Behinderung lebten meist im Schutz von Großfamilien, die sie mitversorgten, während die meisten anderen Menschen mit Behinderungen zusammen mit Armen, Bettlern und Kriminellen in Asylen, Armen- und Waisenhäusern, Arbeitsanstalten, Gefängnissen, Zucht- oder Tollhäusern untergebracht und dort meist vergessen wurden (vgl. ebd.).

Erst seit Beginn des 19. Jahrhunderts kann man von wirklichen Ansätzen der Bildung und Erziehung von Menschen mit geistiger Behinderung sprechen, wobei berücksichtigt werden muss, dass es sich hierbei meist weniger um Förderung im heutigen Sinne, als um Versuche der Heilung der Behinderung handelte. Die Beweggründe für die Errichtung von Einrichtungen speziell für Menschen mit geistiger Behinderung waren dreigeteilt in medizinische, pädagogisch-soziale und religiös-caritative. Entsprechend unterschiedlich waren auch die Zielstellungen, welche sich die Leitungen solcher Einrichtungen setzten. Insgesamt betrachtet waren aber die Lebensumstände in fast allen diesen Einrichtungen aus pädagogischer und hygienischer Sicht menschenunwürdig (vgl. SPECK 1993, S. 13f.).

Durch den starken Einfluss, den die Psychiatrie schon seit Beginn des 19. Jahrhunderts zunehmen auf dem Gebiet der Versorgung von Menschen mit Behinderungen erlangt hatte, breitete sich auch der Gedanke der Heilbarkeit oder Nichtheilbarkeit von verschiedenen Behinderungen oder von Schweregraden der geistigen Behinderung aus. Von diesen Gedanken ausgehend, war es nur noch ein kleiner Schritt zu der Einteilung in brauchbare und unbrauchbare Menschen mit Behinderung, welchen die Nationalsozialisten nach 1933 taten und dementsprechend die Unbrauchbaren systematisch in der Aktion T4 und später durch „wilde Euthanasie" (THEUNISSEN 1999, S. 35) vernichteten (vgl. ebd.).

2.1.1 Unterbringung und Verwahrlosung in psychiatrischen Anstalten

Nach 1945 galt es, die Menschen mit Behinderungen unterzubringen und zu versorgen, welche die Schrecken der Naziherrschaft überlebt hatten. Die meisten Einrichtungen waren stark vernachlässigt und es fehlte überall an den nötigen Mitteln, um Anstalten wieder aufzubauen oder auch nur eine ausreichende Versorgung für Menschen mit geistiger Behinderung zu sichern. Aus der Not heraus versuchte man, nahtlos an der Anstaltspraxis aus den Jahren vor 1933 anzuknüpfen. Man hielt an der Überzeugung der „Bildungsunfähigkeit" (THEUNISSEN 1999) von Menschen mit geistiger Behinderung fest und sorgte daher vorrangig für deren sichere Unterbringung. Im Gegensatz zur Praxis vor 1933 wurden nun aber verstärkt Neuroleptika zur Ruhigstellung der Patienten eingesetzt (vgl. ebd., S. 36f.). Psychiatrische Kliniken wurden zum „Auffang- und Sammelbecken" (THEUNISSEN 1996) für viele Erwachsene mit geistiger Behinderung, für die keine geeigneten Wohnalternativen und Bildungseinrichtungen vorhanden waren (vgl. ebd., S. 67).

Grundlegend für die Betreuung von Menschen mit geistiger Behinderung in psychiatrischen Anstalten waren die Denkmuster des „Psychiatrischen Modells" (THEUNISSEN 1999). Diesem Modell liegt ein „biologisch-nihilistisches Menschenbild" (ebd.) zugrunde, welches Menschen mit geistiger Behinderung als lern- und kommunikationsunfähige, total pflegebedürftige Mängelwesen darstellte, denen man eine pflegerische Versorgung, sowie eine psychiatrisch-neurologische und medikamentöse Therapie zukommen lassen müsse. Das Behandlungsprinzip der Kliniken basierte auf der Disziplinierung der Betroffenen durch „Arbeitstherapie" (ebd.), welche auch einen wirtschaftlichen Nutzen für die Gesellschaft erbringen sollte. Dazu wurden die Patienten zu stupider Fließbandarbeit angehalten, welche angeblich die vorhandenen Intelligenzmängel und motorischen Defizite der Betroffenen kompensieren sollte, stattdessen aber vorhandene Hospitalisierungserscheinungen noch verschlimmerte (vgl. ebd., S. 40f.).

Die strukturellen Merkmale der psychiatrischen Kliniken spiegelten die typischen Charakteristika von „totalen Institutionen" (GOFFMAN 1973) wider. Dies betraf vor allem die Organisation in starren Hierarchien von oben nach unten. Weiterhin war es typisch für diese Einrichtungen, dass alle Angelegenheiten des Lebens an einem Ort stattfanden, dass es einen strengen und systematisch geplanten Alltagsablauf gab und dass im Allgemeinen alle Insassen weitestgehend gleich behandelt wurden (vgl. SEIFERT 1997, S. 25). Auch die zentralisierte Versorgung und Verwaltung der Einrichtungen, die in besonderem Maße die Vereinheitlichung im Umgang mit den Betroffenen befördert, ist einer der zentralen Aspekte, in dem die Hospitalisierungserscheinungen begründet sind, die in solchen Institutionen extrem gehäuft auftreten (vgl. THEUNISSEN 2000(a), S. 85).

Diese inhumanen und menschenverachtenden Zustände, unter denen Menschen mit geistiger Behinderung damals in den Psychiatrien lebten, wurden Anfang der 70er Jahre bekannt und zum Gegenstand des öffentlichen Interesses. Besonders ausschlaggebend dafür waren die Ergebnisse der Psychiatrie-Enquete von 1975, welche erstmalig öffentlich das Ausmaß der Fehlplatzierungen von Menschen mit geistiger Behinderung in psychiatrischen Kliniken aufdeckte, die weiterhin die menschenunwürdigen Unterbringungspraktiken bekannt machte und ein eigenes heilpädagogisch bestimmtes System der Betreuung für Menschen mit geistiger Behinderung forderte (vgl. THEUNISSEN 1996, S. 68f.).

2.1.2 „Von der Fürsorge zum selbstbestimmten Leben"

Das Zitat dieser Überschrift ist ein zentrales Motto der Independent Living Bewegung, einer Selbsthilfebewegung von und für Menschen mit Körper- und Sinnesbehinderungen (vgl. THEUNISSEN 2001, S. 15), und beschreibt in kürzester Form den Weg, den die Arbeit mit Menschen mit geistiger Behinderung seit den 60er Jahren vollzogen hat. Die folgenden Ausführungen beziehen sich auf die Entwicklungen in der BRD. Die Entwicklungen zur Enthospitalisierung, Deinstitutionalisierung und Normalisierung gab es zwar auch in der DDR, hier setzten sie aber meist erst Jahre später ein und sind zu großen Teilen bis heute noch nicht abgeschlossen (vgl. THEUNISSEN 1999, S. 47).

Gegen Ende der 60er Jahre begann sich in Deutschland die so genannte „antipsychiatrische" (THEUNISSEN 1999, S. 47) Bewegung oder auch „Sozialpsychiatrie" (ebd.) herauszubilden, die sich intensiv gegen die unmenschlichen Zustände in den psychiatrischen Anstalten engagierte. Aufgerüttelt durch die erschreckenden Ergebnisse der Psychiatrie-Enquete waren die Forderungen dieser Bewegung, Menschen mit geistiger Behinderung aus den psychiatrischen Anstalten auszugliedern und sie stattdessen in speziellen heilpädagogischen Einrichtungen unterzubringen. Nicht selten wurden Menschen mit geistiger Behinderung aber lediglich in neuen Großeinrichtungen untergebracht, wodurch also keine echte Enthospitalisierung erreicht wurde, sondern lediglich eine „Umhospitalisierung" (HOFFMANN 1999, S. 16). Das eigentliche Ziel von Enthospitalisierungskonzepten sollte aber die (Re-)Integration und Teilhabe der Betroffenen am gesellschaftlichen Leben sein. Dazu war es nötig, statt neuer Großeinrichtungen für Menschen mit Behinderungen, kleine und dezentrale Wohn- und Betreuungsformen zu schaffen, die in regionale Netze und Versorgungsstrukturen eingebunden werden sollten (vgl. KUPPE 1998, S. 28). Weitere inhaltliche Aspekte von Enthospitalisierungsprogrammen waren die Aufarbeitung der Lebensgeschichte von ehemaligen Psychiatriepatienten, um so eine Identitätsfindung grundsätzlich möglich zu machen und ebenso die Unterstützung beim Aufbau von familiären Netzwerken und bei der Verlagerung von Aktivitäten des täglichen Lebens und der Freizeitgestaltung nach draußen, also aus der Institution heraus (vgl. DÖRNER 1998, S. 38f.).

Eine besondere Bedeutung kommt in diesem Zusammenhang auch dem außerordentlichen privaten und öffentlichen Engagement während der 60er und 70er Jahre zu. Es wurden zu dieser Zeit diverse Vereine und Hilfsaktionen gegründet, wie zum Beispiel die „Lebenshilfe für das behinderte Kind" (1958) oder auch die „Aktion Sorgenkind" (1964), wodurch ein breites öffentliches Interesse für Menschen mit geistiger Behinderung geschaffen wurde. Ebenfalls wurde durch diese Aktionen erstmalig eine lebenspraktische Unterstützung für diese Menschen ermöglicht. Ergebnisse dieser Initiativen waren insbesondere die Ausgestaltung von Kindergärten und Schulen speziell für Kinder mit geistiger Behinderung. Ebenfalls zu dieser Zeit entdeckte auch die Wissenschaft ihr Interesse am Thema „Geistige Behinderung", wodurch erstmalig die Pädagogik eine Vorrangstellung vor der Medizin einnahm und die Geistigbehindertenpädagogik sich als eigene Fachdisziplin zu etablieren begann (vgl. HÄHNER 1998, S. 29f.).

Den theoretischen Rahmen für die verschiedenen Enthospitalisierungsmaßnahmen bildete das von N. BANK-MIKKELSEN (1982) und B. NIRJE (1974) formulierte

Konzept der „Normalisierung von Lebensbedingungen" (KUPPE 1998, S. 18). Diesem Konzept liegt der Gedanke zugrunde, dass es Menschen mit Behinderungen ermöglicht werden soll, ein Leben zu führen, dass weitestgehend dem Lebensstandard von Menschen ohne Behinderung entspricht. Dieses Konzept wurde aber häufig nicht in diesem Sinne umgesetzt. Einerseits wurde versucht, einen normalen Tages-, Jahres- und Lebensrhythmus in neuen Großeinrichtungen zu konstruieren. Andererseits wurde das Konzept oft in dem Sinne missverstanden, dass Menschen mit Behinderungen unreflektiert an die Gesellschaft angepasst wurden, ohne zu berücksichtigen, dass sich die Gesellschaft auch auf Menschen mit geistiger Behinderung einstellen muss. Insgesamt betrachtet hatte es bei weitem nicht den Erfolg, den man sich davon erhofft hatte (vgl. THEUNISSEN 2001, S. 13).

Ein weiteres wichtiges Modell in der Arbeit mit Menschen mit geistiger Behinderung in diesem Zusammenhang war das Integrationsmodell, welches alle Maßnahmen umfasst, „die eine möglichst unkomplizierte Teilnahme der Behinderten am Leben in der Gemeinschaft zum Ziel haben" (DYBWAD 1974, zit. n. HÄHNER 1998, S. 34). Die speziellen Förder- und Sondereinrichtungen, die in den Jahren zuvor entstanden waren, wirkten aber diesem Integrationsprinzip völlig entgegen. Die neue Zielstellung in der Arbeit mit Menschen mit geistiger Behinderung war nun, es ihnen zu ermöglichen, alle öffentlichen Einrichtungen zusammen mit anderen, nicht behinderten Menschen zu nutzen.

Nur wenige dieser Projekte hatten Erfolg. Vor allem im Bereich der Schule oder der Arbeit stieß man immer wieder an die Grenzen der Integration, da man Menschen mit geistiger Behinderung nicht in der Lage sah, die Ansprüche unserer Leistungsgesellschaft zu erfüllen (vgl. HÄHNER 1998, S. 34).

In den 90er Jahren wurde das Selbstbestimmungsprinzip in Deutschland populär, mit der zentralen Forderung, dass alle Menschenrechte auch uneingeschränkt für Menschen mit geistiger Behinderung gelten sollten. Ursprünglich entwickelte sich dieses Konzept aus der Independent-Living-Bewegung der USA in den späten 60er Jahren, welche zunächst von Menschen mit Körperbehinderung und auch vorrangig für diesen Personenkreis gegründet worden war. In Kanada entstand die People-First-Bewegung, welche speziell die Rechte von Menschen mit geistiger Behinderung vertreten wollte. Grundsatz dieser Bewegung war das Konzept der Self-Advocacy, was bedeutet, dass

Betroffene für sich selbst sprechen und ihre eigenen Interessen selbst vertreten können und wollen. Die People-First-Bewegung erlangte besonders in den USA, in Schweden, Dänemark, den Niederlanden und Großbritannien sehr große Bedeutung (dazu: KNUST-POTTER 1994; NIEHOFF 1994). In Deutschland dauerte es länger bis die People-First-Bewegung sich etablieren konnte und auch heute noch verlaufen die Entwicklungen in der Selbstbestimmung und Selbstvertretung von Menschen mit geistiger Behinderung im internationalen Vergleich verzögert (vgl. HÄHNER 1998, S. 35f). Die einzelnen Gruppen von People-First werden in Deutschland von der Interessenvertretung Selbstbestimmt Leben e.V. (ISL e.V.) unterstützt und beraten. Die ISL e.V. hat es sich als zentrales Ziel gesetzt, eine Behindertenpolitik zu fördern, die sich vorrangig „an den Bedürfnissen der Menschen orientiert und nicht an finanziellen Interessen von Institutionen und Leistungserbringern" (Interessenvertretung Selbstbestimmt Leben e.V. (Hrsg.) 2006, S. 42).

2.2 Heimunterbringung bis heute

Diese Leitideen der Behindertenarbeit sind in allen Lebensbereichen (Schule, Arbeit, Wohnen, Freizeit) von großer Bedeutung. Trotzdem möchte ich mich im Folgenden auf den Bereich des Wohnens konzentrieren, um mich nicht zu weit vom Thema der Arbeit zu entfernen. Anhand der Entwicklung der Wohnmöglichkeiten für Menschen mit geistiger Behinderung wird aufzuzeigen sein, dass in den vergangenen Jahren schon einiges zum Positiven verändert wurde und man sich den Zielvorstellungen von Normalisierung, Integration und Selbstbestimmung versucht anzunähren. Es wird aber auch deutlich, dass man von den eigentlichen Zielen noch weit entfernt ist und dass in den nächsten Jahren noch entscheidende Veränderungen folgen müssen, um mit dem internationalen Standard mithalten zu können.

Als ein Vorbild für solche Entwicklungen kann beispielsweise Schweden dienen, wo es bereits keine Wohnheime mehr gibt, sondern nur noch Wohngruppen von bis zu 5 Personen, die in einer familienähnlichen Atmosphäre zusammenleben.

2.2.1 Entwicklungen seit 1980

Seit den 80er Jahren gibt es kontinuierliche Bestrebungen, das Wohnen für Menschen mit Behinderungen möglichst normal und gemeindeintegriert zu gestalten. Es wurden kleinere Wohnheime gebaut, die an die Gemeinde angegliedert waren. Trotzdem waren viele dieser Heime immer noch sehr pflegeorientiert und hatten meist mehr Doppel- als Einzelzimmer. Weiterhin wurden auch dezentrale Wohnformen mit Familiencharakter und Außenwohngruppen gefördert. Es wurden spezielle Wohntrainings eingerichtet, um Menschen mit Behinderungen für ein Leben außerhalb der Institution vorzubereiten und viele erreichten auch die nötige Selbstständigkeit, um die Heime verlassen zu können. Diese Wohnalternativen boten sich aber in der Regel nur für Menschen mit Körper- oder Sinnesbehinderungen oder für Menschen mit leichter geistiger Behinderung oder Lernbehinderung. Für Menschen mit schwerer geistiger Behinderung oder mehrfachen Behinderungen blieben weiterhin nur die Möglichkeiten, entweder zu Hause von ihren Angehörigen versorgt zu werden oder ein Wohnheim zu beziehen (vgl. HÄHNER 1998, S. 42f.).

Durch die Einführung der sozialen Pflegeversicherung am 01. Juli 1996 wurden die Bemühungen zur Dezentralisierung und Deinstitutionalisierung erneut einen Schritt zurückgetrieben. Das neu in Kraft getretene SGB XI besagte, dass Personen, die vom Kostenträger als „überwiegend pflegebedürftig" (SEIFERT/FORNEFELD/KOENIG 2001, S. 28) bezeichnet wurden, zukünftig kein Recht mehr auf Eingliederungshilfe hätten und daher von den Pflegekassen mitversorgt werden müssten. Dies hatte zur Folge, dass viele Kostenträger darauf drängten, einzelne Abteilungen oder ganze Heime der Eingliederungshilfe, in denen Menschen mit hohem Pflegebedarf lebten, in Pflegeeinrichtungen umzuwandeln, um die Kosten für diese „Pflegefälle" (ebd.) auf die Pflegekassen abwälzen zu können. Dies betraf vor allem Menschen mit schwerer geistiger und mehrfacher Behinderung und auch viele alte Menschen mit Behinderung, die zum Teil aus ihrer gewohnten Umgebung gerissen und in Pflegeheime verlegt wurden. Die anhaltenden Proteste von Betroffenen, Angehörigen und Behindertenverbänden, dass die Bedürfnisse von Menschen mit geistiger Behinderung in Pflegeheimen nicht ausreichend erfüllt werden könnten, führte schließlich zu einer Änderung der Gesetzeslage (01. Juni 2001), in welcher festgelegt wurde, dass die

Eingliederungshilfe zukünftig auch Pflegeleistungen mit einschließen sollte, unabhängig vom Ausmaß der Pflegebedürftigkeit (vgl. ebd., S. 28f.).

Die Wahlmöglichkeiten für Formen des Wohnens von Menschen mit geistiger Behinderung blieben trotz aller Bemühungen um gemeindeintegriertes und selbstbestimmtes Leben weiterhin sehr begrenzt. Nach Ergebnissen einer Untersuchung zur Wohnsituation von 1994 lebten circa 50% aller Menschen mit geistiger Behinderung zu Hause und wurden von ihren Angehörigen betreut. Ungefähr 94000 Menschen mit geistiger Behinderung lebten in Wohneinrichtungen der Behindertenhilfe, wobei 90% von diesen in vollstationären Heimen, also solchen mit 'Rundumversorgung' wohnten. Circa 6% lebten in gemeindeintegrierten, betreuten Einzel- oder Gruppenwohnungen und 3% in sonstigen Wohnformen. Die Zahl der fehlplazierten Menschen mit geistiger Behinderung, die zum Beispiel in Pflegeheimen, Krankenhäusern oder psychiatrischen Anstalten untergebracht waren, wurde auf 16000 bis 19000 geschätzt (vgl. SEIFERT 1997, S. 55f.).

Die Lebensqualität der Menschen mit geistiger Behinderung, die auch heute noch in Wohnheimen untergebracht sind, wird in verschiedenen Untersuchungen als mangelhaft gegenüber kleinen, dezentralen Wohnformen eingeschätzt und entspricht in vielen zentralen Aspekten nicht den Forderungen nach Integration, Selbstbestimmung und Empowerment (vgl. FISCHER/HAHN/KLINGMÜLLER/SEIFERT 1996, SEIFERT 1997, SEIFERT/FORNEFELD/KOENIG 2001, SEIFERT 2003, DWORSCHAK 2004).

Die zentralen Problemfelder im Heimbereich sind:

- Es gibt viele zu große Einrichtungen mit zu großen Wohngruppen.
- Die Wohngruppen sind in der Regel homogen zusammengestellt, was bedeutet, dass oftmals viele Menschen mit schwerer geistiger Behinderung und/oder mehrfacher Behinderung zusammenwohnen. Dadurch benötigen diese Wohngruppen insgesamt mehr Unterstützung und Förderung, als heterogene Gruppen benötigen würden.
- Oftmals gibt es zu wenig fachlich ausgebildetes Personal für die Gruppen.
- Wohngruppenmitarbeitern fehlen ausreichende Beratungs- und Supervisionsangebote und es mangelt an berufsbegleitenden Fort- und Weiterbildungsmöglichkeiten.

- Für die Bewohner gibt es in der Regel zu wenig tagesstrukturierende (Freizeit-) Angebote.

- Inhaltlich treten immer wieder Fremdbestimmungstendenzen auf und es gibt in vielen Heimen zu wenige Chancen für Privat- und Intimsphäre der Bewohner.

- Insgesamt wird immer wieder die große soziale und materielle Abhängigkeit der Bewohner von der Institution und den Betreuern bemängelt (vgl. SEIFERT/FORNEFELD/KOENIG 2001, S. 22ff.).

Aktuellere Untersuchungen zur Wohnsituation zeigen ein ähnliches Bild der Unterbringung von Menschen mit geistiger Behinderung wie 1994. Nach THEUNISSEN (2006(b)) leben immer noch circa 60% aller Erwachsenen mit geistiger Behinderung zu Hause bei ihren Familien. Von den restlichen 40% sind beinahe70% in Großeinrichtungen untergebracht, die mehr als 40 Plätze haben und circa 30% leben in Einrichtungen mit über 200 Plätzen. Nur zwischen 5 und 8% aller Menschen mit geistiger und/oder mehrfacher Behinderung leben in ambulant betreuten Wohnplätzen, wobei aber die Tendenz der Heimplätze eher steigend ist (vgl. THEUNISSEN 2006(b), S. 63).

2.2.2 Heimunterbringung im internationalen Vergleich

Einen ersten Versuch für einen internationalen Vergleich von Einrichtungen für Menschen mit Behinderungen in Europa liefert bislang einmalig die Studie „Included in Society", die von der Europäischen Kommission in Auftrag gegeben und finanziert wurde. In dieser Studie werden Merkmale und Strukturen von 2500 stationären Großeinrichtungen in insgesamt 25 europäischen Ländern zusammengetragen. Eine detaillierte Untersuchung der Lebensbedingungen in Großeinrichtungen bietet die Studie allerdings nur für Frankreich, Ungarn, Polen und Rumänien. Diese Länder wurden ausgesucht, da für die dortigen Einrichtungen bisher noch nahezu keine Untersuchungen vorliegen.

Die Studie schafft einen Überblick über die Relationen von stationären Großeinrichtungen und kleinen, dezentralen Wohneinheiten und über die Lebensumstände der Menschen mit Behinderungen, die in den vier oben genannten

Ländern in Großeinrichtungen untergebracht sind. Sie gibt auch Empfehlungen für die Entwicklung von Strategien und Handlungsplänen, um systematisch mehr gemeindenahe Hilfe- und Pflegeformen, bessere Qualitätskontrollen, sowie bessere rechtliche und finanzielle Grundlagen in den Mitgliedsstaaten und Beitrittsländern der Europäischen Union zu schaffen (vgl. Included in Society, Kapitel V).

Zusammengefasst zeigen die Ergebnisse der Studie vor allem, dass Menschen mit Behinderungen in stationären Großeinrichtungen nicht die gleichen Rechte und Möglichkeiten zur selbstständigen Lebensgestaltung geboten werden können, wie dies in gemeindenahen Wohnangeboten möglich ist. Die Forscher der Studie kamen zu der Erkenntnis, dass die Bewohner in fast allen Großeinrichtungen von der Gemeinde und vom sozialen Leben getrennt werden und somit keine Chance auf wirkliche Integration oder Inklusion in die Gesellschaft und Gemeinschaft haben (vgl. Included in Society, S.4). Insbesondere aus den vier Untersuchungsländern für die Lebenssituation von Bewohnern in Großeinrichtungen gab es erschreckend viele Berichte über „untragbare Lebensbedingungen und Verletzungen der Menschenrechte und Würde der Bewohnern" (ebd., S. 6).

Noch erschreckender ist die Tatsache, dass nur sehr wenige Länder bisher Schritte unternommen haben, um die politischen Grundlagen, auf denen diese Menschenrechtsverletzungen gegründet sind zu ändern.

Die Hauptmängel, die in den stationären Großeinrichtungen gefunden wurden, sind vielerorts ähnlich. Vor allem wird die zu geringe Anzahl der Mitarbeiter für zu viele Bewohner beklagt. Die räumliche Umgebung wird als unpersönlich beschrieben und der Kontakt zu Freunden, Familie oder der sozialen Gemeinschaft ist gering oder überhaupt nicht vorhanden. Auch werden immer noch Zwangsmaßnahmen zur Ruhigstellung von Bewohnern verwendet, wie zum Beispiel so genannte „Käfigbetten" (Included in Society, S. 54). Zwar gibt es in den verschiedenen Wohneinrichtungen auch große Unterschiede, so dass 'gute' Großeinrichtungen durchaus genauso gute Ergebnisse im Bezug auf die Lebensqualität erzielen können, wie 'schlechte' gemeindenahe Wohnformen, aber die Mittelwerte der Untersuchung zeigen eindeutig, dass die gemeindenahen, dezentralen Wohnformen bei weitem die bessere Alternative sind (vgl. ebd., S. 55).

2.2.3 Neue Entwicklungen zum Heimgesetz

Eine Forderung die sowohl von den Selbsthilfe- und Interessenverbänden von Menschen mit geistiger Behinderung, als auch in der Studie „Included in Society" immer wieder geäußert wird, ist die Notwendigkeit einer Überarbeitung der Gesetzeslage, um Fremdbestimmung in den Fragen des Wohnens von Menschen mit geistiger Behinderung zu vermeiden und um eigene Entscheidungen zu ermöglichen. Um dieses Ziel zu erreichen ist es von großer Bedeutung, für stationäre Wohnformen umfangreiche Leistungs- und Qualitätsanforderungen zu formulieren und gesetzlich festzuschreiben, um somit Einsparungen durch die Unterbringung von Menschen mit schwerer geistiger Behinderung in Großeinrichtungen unmöglich zu machen.

Das Heimgesetz wurde im Jahr 1974 geschaffen, um die stationäre Betreuung von Menschen mit Pflegebedarf oder Behinderung zu regeln. Es enthält ordnungsrechtliche Regelungen, wie zum Beispiel die Vorschriften zur Heimaufsicht und Qualitätskontrolle (vgl. § 15 HeimG), privatrechtliche Elemente bezüglich der Ausgestaltung von Heimverträgen (vgl. § 5 HeimG) und sozialrechtliche Aspekte betreffend der Heimentgeltregelungen bei Leistungen nach dem SGB XI und SGB XII (vgl. § 5, Abs. 5 und Abs. 6 HeimG). In seiner ursprünglichen Fassung war das Heimgesetz ein Bundesgesetz. Durch das Inkrafttreten der Föderalismusreform am 29. August 2006 ging es aber in die Gesetzgebungskompetenz der Bundesländer über. Das Vorhaben des Bundes, das Heimgesetz zu reformieren ist somit hinfällig geworden und es liegt nun in der Macht der Bundesländer, entsprechende Reformen zu entwickeln und einzuführen (vgl. Bundesvereinigung Lebenshilfe 1/2007, S. 3).

Es stellt sich dabei die Frage, ob es sinnvoll ist, wenn jedes Bundesland individuell einen Entwurf für ein neues Länderheimgesetz ausarbeitet oder ob es gewinnbringender wäre, wenn sich die Bundesländer in der Ausarbeitung der Reformvorschläge beraten und ergänzen würden. Die Länder haben bislang unterschiedlich auf diese Fragestellung reagiert. Aus Bayern und Nordrhein-Westfahlen sind bereits konkrete Eckpunkte vorgelegt worden, die für eine zukünftige Neufassung des Heimgesetzes als Grundlage dienen sollen. Dieses neue Heimgesetz soll gleichermaßen für Institutionen der stationären Altenhilfe und der Behindertenhilfe gelten und eine Differenzierung der Regelungen wird wie bisher innerhalb des Gesetzes vorgenommen. Dagegen soll es aber eine klare Abgrenzung zwischen Heimen und anderen Wohnformen geben, für welche die Regelungen des Landesheimgesetzes dann nicht gelten sollen. Zukünftig sollen demnach nur noch solche Einrichtungen dem Heimgesetz unterstehen, bei deren Bewohnern ein spezieller Schutzbedarf besteht (vgl. Bundesvereinigung Lebenshilfe 2/2007, S. 9).

Ein weiterer Vorschlag für die Neufassung des Heimgesetzes ist der, Heimträger dazu zu verpflichten, ihr Leistungsspektrum, sowie ihre Kostenstrukturen transparent zu gestalten. Außerdem wird im Zuge der Entbürokratisierung eine Vereinfachung der Anzeigepflicht und Aufnahme des Heimbetriebes und der Dokumentationspflicht vorgeschlagen. Die Anzahl und die Qualifikation der Mitarbeiter soll sich in Zukunft nach dem Hilfebedarf der Bewohner richten und die Beratungsfunktion der Heimaufsicht soll gestärkt werden. Die baulichen Mindestanforderungen gelten als überholt und erneuerungsbedürftig, aber bisher sind noch keine konkreten Vorschläge für eine Neufassung formuliert worden (vgl. Bundesvereinigung Lebenshilfe 2/2007, S. 10).

Die Länder Brandenburg, Bremen, Mecklenburg-Vorpommern, Rheinland-Pfalz, Sachsen-Anhalt, Schleswig-Holstein und Berlin haben sich am 10. Dezember 2006 zu einem Fachgespräch über die Neugestaltung der Landesheimgesetze zusammengefunden, zu welchem auch Vertreter von Verbänden der Altenhilfe, der Behindertenhilfe, der Freien Wohlfahrtspflege und aus der Wissenschaft vertreten waren. Als Resultat dieses Gesprächs ist ein vorläufiger Diskussionsentwurf entstanden mit 5 zentralen Leitgedanken, an denen die Inhalte der zukünftigen Landesheimgesetze sich orientieren sollen (vgl. Bundesvereinigung Lebenshilfe 1/2007, S. 3ff.).

Nach eigener Aussage wollen die Länder mit diesem Diskussionsentwurf zunächst Leitsätze festhalten, um die Qualität und Fachlichkeit in Heimen zu kontrollieren, zu sichern und gegebenenfalls zu verbessern (vgl. Leitgedanken und Inhalte für Länderregelungen zur Ablösung des HeimG, S. 1).

Der Diskussionsentwurf der Bundesländer umfasst inhaltlich 5 Teile. Im ersten Teil wird klargestellt, dass es sich bei dem Begriff „Heim" um einen überholten Begriff handelt. Die Länder streben eine Loslösung von diesem Begriff und damit eine Öffnung hin zu neuen Wohn- und Betreuungsformen an. Es wird allerdings kein alternativer Begriff genannt, um den Begriff „Heim" oder „Heimgesetz" abzulösen. Ziel dieser

Begriffsänderung soll eine neue Definition des Anwendungsbereichs des zukünftigen Heimgesetzes sein. Demnach soll das Gesetz nicht auf Angebote für Wohnen, Betreuung und Pflege anzuwenden sein, wenn sie frei wählbar und selbst organisiert sind. Das entscheidende Kriterium für die Anwendung des Heimgesetzes ist also nicht mehr die Unterscheidung zwischen ambulant und stationär, sondern die Tatsache, dass eine „Fremdbestimmung in Bezug auf „weitergehende Betreuung" und Verpflegung" (Leitgedanken und Inhalte für Länderregelungen zur Ablösung des HeimG, S. 2) vorliegt. Nur wenn dieser Umstand gegeben ist, soll auch die Kontrolle durch die Heimaufsicht gerechtfertigt sein (vgl. ebd., S. 2f.).

Im zweiten Teil wird ein stärkerer Verbraucherschutz gefordert, um somit „ein Mehr an Qualität" (Leitgedanken und Inhalte für Länderregelungen zur Ablösung des HeimG, S. 3) zu erreichen. In der Praxis soll dies durch eine umfassende Verbesserung der Informations- und Beratungsangebote für Betroffene erreicht werden. Besondere Bedeutung wird der Bereitstellung von „möglichst aktuellen Informationen über konkrete Wohn- und Betreuungsangebote" (ebd.) und einer Verbesserung der Zusammenarbeit von Beratungsstellen zugesprochen.

Im dritten Abschnitt wird den Einrichtungen die Verpflichtung auferlegt, sowohl die Teilhabe ihrer Bewohner am gesellschaftlichen Leben, als auch deren Mitwirkung in der Einrichtung zu fördern. Dabei wird besonders auf die Bedeutung von bürgerschaftlichem Engagement wert gelegt, welches auch durch die Einrichtungen mehr Anerkennung und Unterstützung erfahren soll (vgl. ebd., S. 3f.).

Der vierte Abschnitt des Diskussionsentwurfes macht deutlich, dass das neue Heimgesetz sehr viele verschiedene Formen von Einrichtungen, bezüglich deren Zielgruppen, Versorgungsbedarfe und Größe betreffen wird. Daher müssen auch Anforderungen an bauliche und personelle Standards entsprechend flexibel gefasst werden. Von großer Bedeutung soll hierbei die Mitwirkung durch Betroffene sein, um deren Bedürfnissen möglichst optimal zu entsprechen. Als wünschenswert wird die Erprobung neuer Konzepte in Einrichtungen gesehen, welche durch den neuen Gesetzesentwurf stärker als bisher ermöglicht werden soll. Letztlich ist es auch Ziel der Bundesländer, die Bürokratie weitestgehend abzubauen, was vor allem durch eine verstärkte Zusammenarbeit der verschiedenen Prüfinstitutionen (Heimaufsicht,

Gesundheitsamt, MDK, Brandschutz, etc.) erreicht werden soll (vgl. Leitgedanken und Inhalte für Länderregelungen zur Ablösung des HeimG, S. 5f.).

Dieser Diskussionsentwurf vom 10. Dezember 2006 stellt nur ein Zwischenergebnis auf dem Weg zu einem neu gestalteten Heimgesetz der Bundesländer dar. Es wird voraussichtlich noch viel Zeit und Arbeit nötig sein, bis die Länder eine endgültige Neufassung präsentieren könne. Dabei wird es vor allem interessant sein zu sehen, ob man sich auf einen einheitlichen Gesetzesentwurf einigen wird, oder ob im Endeffekt alle Bundesländer über spezifische und unterschiedliche Heimgesetze verfügen werden. Dies würde vermutlich in erster Linie zu Lasten der Betroffenen gehen, da sie sich dann nicht nur für eine spezielle Wohn- und Betreuungsform entscheiden, sondern dabei auch berücksichtigen müssten, in welchem Bundesland die für sie optimale Wohn- und Betreuungsform überhaupt vorhanden ist.

2.2.4 Aktuelle Paradigmen für das Wohnen von Menschen mit geistiger Behinderung

In der Arbeit mit Menschen mit geistiger Behinderung und auch insbesondere in der Entwicklung von Wohnmöglichkeiten für diesen Personenkreis hat es im Laufe der Zeit einen beständigen Wechsel und eine stetige Überarbeitung der Paradigmen und Leitziele gegeben. Für lange Zeit galten die Prinzipien der Normalisierung und der Integration als richtungweisend. Seit einer Weile gelten nun aber auch diese Paradigmen als nicht ausreichend. Sie wurden daher durch die neuen Konzepte des Empowerment, der Partizipation und der Inklusion abgelöst. Diese Ablösung war nötig, da sich vermehrt gezeigt hat, dass die Ideen der Normalisierung und der Integration zu häufig falsch verstanden und umgesetzt wurden. Im Folgenden werden nun die Leitideen von Empowerment, Partizipation und Inklusion vorgestellt und erläutert werden.

Empowerment ist ein Handlungskonzept, welches in den letzten Jahren nicht nur in der Arbeit mit Menschen mit Behinderungen, sondern zum Beispiel auch in der Sozialpädagogik oder Gesundheitsförderung große Anerkennung findet. Ursprünglich kommt dieses Konzept aus den USA und wurde dort im Zuge der Bürgerrechtsbewegung und der gemeindebezogenen sozialen Arbeit entwickelt. Aufgrund seiner breiten und vielfältigen Anwendungskreise, gibt es auch ebenso viele verschiedene Definitionen und Auslegungen von Empowerment, die zwar alle den gleichen Grundtenor haben, sich aber zum Teil in ihrer Schwerpunktsetzung voneinander unterscheiden. Übersetzen würde man Empowerment am besten mit Begriffen wie Selbstbefähigung und Selbstbemächtigung, Stärkung von Eigenmacht, Autonomie oder Selbstverfügung. Es geht im Konzept von Empowerment darum, dass Personen in problematischen Lebenslagen aus eigener Kraft und mit eigenen Mitteln einen Ausweg aus diesen Problemen finden (vgl. HERRIGER 2007, S. 9). Dem entspricht auch das zugrunde gelegte Menschenbild. Menschen mit geistiger Behinderung werden im Lichte von Empowerment nicht mehr länger als Defizitwesen betrachtet, sondern sie gelten als fähig, ihren Lebensalltag durch die Nutzung ihrer Kompetenzen eigenständig zu regeln und zu bestimmen. Diese positive Betrachtung der Menschen mit geistiger Behinderung ruft gleichermaßen einen respektvollen Umgang mit diesen Menschen auf gleicher Ebene hervor und stärkt durch das Vertrauen in ihre Kompetenzen auch ihr eigenes Selbstbewusstsein, so dass es ihnen leichter möglich ist, ihre Fähigkeiten optimal zu erkennen und einzusetzen (vgl. THEUNISSEN/PLAUTE 2002, S. 20f.).

Im Bereich der Arbeit mit Menschen mit geistiger Behinderung sind zwei Bedeutungsstränge von Empowerment von besonderer Bedeutung. Diese sind erstens das Verständnis von „Empowerment als Selbstbemächtigung problembetroffener Personen" (HERRIGER 2007, S. 9) und zweitens „Empowerment als professionelle Unterstützung von Autonomie und Selbstverwirklichung" (ebd., S. 10).

Nach der ersten Sichtweise sind die Schwerpunkte für den Bereich des Empowerment dahingehend zu verstehen, dass Betroffene die Gestaltungskraft über die eigenen Lebensumstände erhalten oder zurückerhalten. Dies kann entweder einzelnen betroffenen Personen gelingen, die aufgrund von emotionaler Unterstützung durch Familie und Freunde oder auch in Eigenregie ihre eigenen Kompetenzen und Ressourcen erkennen und diese nutzen, um sich die Macht und Selbstbestimmung für alle Prozesse die ihr Leben betreffen selbst (zurück) zu erkämpfen. Es kann hierbei aber genauso um Prozesse der Bildung von Selbsthilfe- und Betroffenengruppen (zum Beispiel Independent-Living-Bewegung, People-First) gehen. Gemeinsam können diese Gruppen ein so großes Maß an Bedeutung und Macht erlangen, dass sie auch politisch Einfluss nehmen können. So ist es ihnen möglich, die Rahmenbedingungen zu verändern, unter denen Menschen mit geistiger Behinderung leben und sie können Gesetze und Regelungen erreichen, welche für die Arbeit für und mit Menschen mit geistiger Behinderung dahingehend wirken, dass die Betroffenen selbst das Hauptmaß an Kontrolle und Gestaltungsmacht über ihre eigenen Lebensumstände haben, sei dies im Bereich des Wohnens, der Arbeit oder der Freizeitgestaltung (vgl. ebd., S. 9).

Für Mitarbeiter, die mit Menschen mit geistiger Behinderung zusammen arbeiten, hat die Idee des Empowerment noch eine weitere Bedeutung, nämlich als Handlungsanweisung für die professionelle Unterstützung von Autonomie und Selbstgestaltungskräften der Betroffenen. In der professionellen Arbeit nach dem Empowerment-Konzept geht es also darum, Menschen mit geistiger Behinderung dabei zu unterstützen, dass sie die Gestaltungsmächte und die Selbstbestimmung über ihr eigenes Leben (zurück-) erlangen. In diesem Prozess gibt es für die Mitarbeiter verschiedene Stufen der Unterstützung. Zunächst gilt es, gemeinsam mit dem Menschen mit geistiger Behinderung seine eigenen Fähigkeiten, seine Ressourcen und Kompetenzen herauszufinden und sie ihm wenn nötig bewusst zu machen. Weiterhin müssen diese Ressourcen gezielt gefördert, unterstützt und gestärkt werden. Diese Prozesse sollten als unterstützende Begleitung angelegt sein. Es sollte nicht für den Menschen mit geistiger Behinderung gearbeitet werden, denn das Ziel von Empowerment-Prozessen ist gerade, dass der Betroffene die Autonomie über seine Lebensumstände selbst erlangen muss. Bei diesem Prozess kann ihm der Mitarbeiter allerdings mit Beratung und emotionaler Unterstützung zur Seite stehen (vgl. HERRIGER 2007, S. 10).

Um dieses Vertrauen in die Stärken der Menschen mit geistiger Behinderung auch tatsächlich in der praktischen Arbeit umsetzen zu können, muss der Mitarbeiter sich vor allem darauf einlassen und es akzeptieren, wenn der Betroffene Probleme seines Alltags auf seine ganz spezielle Art und Weise und in seiner eigenen Zeit löst. Dies kann teilweise stark von den Vorstellungen des Mitarbeiters abweichen. Empowerment fordert aber, die eigene Meinung des Mitarbeiters hinter das Vertrauen auf die Richtigkeit der Entscheidung des Menschen mit Behinderung zu stellen, denn auch Menschen mit geistiger Behinderung haben ein Recht auf eigene Entscheidungen und ein Recht darauf, eigene Fehler zu machen und aus diesen zu lernen (vgl. ebd.).

Das Prinzip der Partizipation kann als ein Grundpfeiler des Empowerment-Konzeptes verstanden werden. Partizipation wird oft mit Mitwirkung, Mitbestimmung, Teilhabe und Beteiligung übersetzt und bedeutet, dass Menschen immer ein Recht auf Mitsprache und Mitentscheidung haben, wenn sie von bestimmten Entscheidungen betroffen sind. Wichtig ist dabei, dass es nicht um ein bloßes Dabei-Sein, im Sinne von teilnehmen geht, sondern dass Partizipation als aktive Teilhabe verstanden werden muss. Es geht weiterhin um die Ausgleichung des Machtgefälles von professionellen Mitarbeitern der Behindertenhilfe und Menschen mit geistiger Behinderung selbst. Erreicht werden soll stattdessen ein partnerschaftlicher Kommunikations- und Verhandlungsprozess, bei welchem sich Betroffene und Professionelle auf gleicher Ebene begegnen (vgl. THENISSEN 2007, S. 22).

Der Begriff „Inklusion" stammt ursprünglich aus den USA (inclusion) und wurde dort im Zusammenhang mit politischen Initiativen von Menschen mit Behinderungen und deren Angehörigen vor über 30 Jahren formuliert. Diese Aktionen und Initiativen hatten das Ziel, für alle Menschen mit Behinderung die rechtliche Gleichheit, ein Recht auf gesellschaftliche Teilhabe und die volle Anerkennung als Bürger der Gesellschaft zu erreichen. Als ein wichtiges Ergebnis dieser Aktionen wurde 1990 „The Americans with Disabilities Act" unterzeichnet, wonach "jegliche Form von Ausgrenzung, Aussonderung oder Ausschluss in allen lebensweltlichen Systemen zu überwinden" (THEUNISSEN 2007, S. 17) sei.

Inklusion wird meist mit „Nicht-Aussonderung" (ebd.) oder „unmittelbare Zugehörigkeit" (ebd.) übersetzt. Für den Bereich des Wohnens wird nach diesem Paradigma davon ausgegangen, dass alle Personen, egal ob sie eine Behinderung haben oder nicht, das Recht haben, vollständig in ihre jeweiligen Gemeinden eingeschlossen zu werden. Menschen mit geistiger Behinderung sollen zum Beispiel das Recht haben, in einem Zuhause zu leben. Sie sollen die größtmögliche Kontrolle über ihr eigenes Leben haben und normale erwachsene Beziehungen führen können, von Freundschaften bis hin zu Partnerschaften. Sie sollen weiterhin die Möglichkeit haben, eine bedeutungsvolle Arbeit zu wählen und für diese angemessen bezahlt zu werden. Außerdem sollen alle Unterstützungs- und Dienstleistungen, welche Menschen mit geistiger Behinderung in Anspruch nehmen müssen, um diesen Lebensstandard zu erreichen, in ihren Gemeinden angeboten werden. Zusammenfassend kann man also sagen, dass nach dem Konzept der Inklusion jedem Menschen eine volle und uneingeschränkte gesellschaftliche Teilhabe zugesprochen wird, unabhängig davon, ob er eine Behinderung hat oder nicht. Konkret bedeutet das für die Umsetzung von Inklusion im Bereich des Wohnens von Menschen mit geistiger Behinderung, dass den Betroffenen Wohnungen bereitgestellt werden sollen, die ihnen gehören oder die sie mieten können. Um ein Leben in der eigenen Wohnung auch für Menschen mit hohem Unterstützungsbedarf zu ermöglichen ist es zudem notwendig, dass diesen Menschen vor Ort, also in ihren Wohnungen und Gemeinden Assistenten zur Verfügung stehen, die nach ihrem individuellen Hilfebedarf eingesetzt werden (vgl. THEUNISSEN 2007, S. 19).

Entscheidend für die Idee der Inklusion ist, dass es hierbei um die konkrete Umgestaltung der Umwelt der Menschen mit Behinderungen geht, damit sie für alle Bürger mit und ohne Behinderung barrierefrei zugänglich ist und ein gemeinschaftliches Leben ermöglicht. Inklusion darf hierbei nicht falsch verstanden werden, so wie es oft bei der Umsetzung der Ideen von Normalisierung oder Integration der Fall war. Es geht weder um die Anpassung von Menschen mit geistiger Behinderung an die normalen Lebensumstände in der Gesellschaft, noch darum, die Menschen einfach in der Gesellschaft wohnen zu lassen, ohne dass sie wirklich an gesellschaftlichen Prozessen teilhaben und mitwirken können. Dies ist ganz besonders wichtig, weil es nur auf diesem Weg auch möglich sein kann, Menschen mit hohem Unterstützungsbedarf ein selbstbestimmtes und normales Leben innerhalb ihrer Gemeinden zu ermöglichen. Wenn es bei der Bereitstellung von gemeindenahen Wohnformen nicht mehr danach geht, wer in der bestehenden Gesellschaft eigenständig leben kann, sondern darum, die Gesellschaft so zu verändern, dass es jedem möglich ist, ein selbstbestimmtes Leben zu führen, dann erst sind die Ideen der Inklusion richtig und konsequent umgesetzt (vgl. ebd., S. 20).

3. Die Neugestaltung des Wohnens für Menschen mit geistiger Behinderung

Im folgenden Kapitel sollen die aktuellen Möglichkeiten des Wohnens näher betrachtet werden, die für Menschen mit Behinderungen zur Verfügung stehen. Dabei wird der Schwerpunkt der Betrachtung auf den spezifischen Wohnbedürfnissen und Wohnwünschen der Menschen mit Behinderungen liegen und auf der Abwägung, ob diese Wünsche und Bedürfnisse durch die verfügbaren Wohn- und Unterstützungsformen erfüllt werden.

3.1 Wohnwünsche und –bedürfnisse

Zunächst werde ich also die generelle Funktion des Wohnens und die damit verbundenen menschlichen Wohnbedürfnisse darstellen und erläutern, wobei ich auch auf das Konzept der Lebensqualität als Zielkategorie des Wohnens eingehen werde. Weiterhin werde ich anhand von 2 Studien aus Deutschland und den Niederlanden konkrete Wohnwünsche von Menschen mit geistiger Behinderung aufzeigen.

Das Wohnen hat für alle Menschen, egal ob mit oder ohne Behinderung eine herausragende Bedeutung. Wie wir wohnen hat großen Einfluss auf unser Wohlbefinden und darauf, welche Qualität wir unserem aktuellen Lebensstandard beimessen. Die Wohnung wird von den meisten Menschen als der einzige ganz private Raum angesehen, in dem man sich vor den sozialen Anforderungen der Gesellschaft zurückziehen kann und somit völlig frei entscheiden und gestalten kann. Daher hat der Wohnraum auch eine besondere Bedeutung für die Entwicklung von Selbstbewusstsein und Identität des Einzelnen (vgl. RAUSCHER 2005, S. 145).

3.1.1 Wohnbedürfnisse – Die Funktion des Wohnens

Menschen mit Behinderungen haben, genau wie Menschen ohne Behinderungen, verschiedene Grundbedürfnisse, die erfüllt sein müssen, um ein gutes und ausgefülltes Leben zu führen. In der Literatur werden diese Grundbedürfnisse meist dreigeteilt in Biologisch-physiologische Bedürfnisse (wie zum Beispiel das Bedürfnis nach Nahrung,

Schlaf, körperlicher Unversehrtheit und Sicherheit), Soziale Bedürfnisse (das Bedürfnis nach Kommunikation, sowie nach Zugehörigkeit und sozialer Anerkennung) und Psychische Bedürfnisse (nach Selbstverwirklichung und Selbstdarstellung). Nach MASLOW (1978) stehen diese Bedürfnisse in einer bestimmten Rangfolge, die er als Bedürfnispyramide bezeichnet. Danach müssen zuerst die physiologischen und elementarsten Bedürfnisse erfüllt sein, bevor der Mensch sich zur Erfüllung der höheren Bedürfnisse (soziale und psychische) hinwenden kann (vgl. WEINWURM-KRAUSE 1999(a), S. 20ff.).

Diese Grundbedürfnisse betreffen alle Lebensbereiche des Menschen, so auch das Wohnen. Nach BOLLNOW (1984, S. 123) ist „das Wohnen eine Grundverfassung des menschlichen Lebens, die erst langsam in ihrer vollen Bedeutung erkannt wird" (ebd., zit. n. THESING 1998, S. 31). Um Zufriedenheit im Bezug auf die eigene Wohnsituation zu erreichen, müssen die verschiedenen Funktionen, die das Wohnen seit Beginn der Menschheitsgeschichte einnimmt erfüllt sein.

MASLOWS Bedürfnishierarchie folgend ist es die erste Funktion des Wohnens, dass die Wohnung einen Raum für Geborgenheit, Schutz und Sicherheit bietet. Die eigene Wohnung bietet nicht nur Schutz vor Kälte, Hitze und sonstigen schädigenden äußeren Einflüssen, sondern sie ist auch ein sicherer Ort, um zu schlafen, zu essen oder Kinder großzuziehen. Es steht jedem Menschen frei, die eigene Wohnung zu verlassen und zu ihr zurückzukehren, wann immer er möchte. Die Wohnung bietet eine Art sicherer Basis, in welche man sich jederzeit zurückziehen kann und in der verlässlich alles so wieder vorgefunden wird, wie man es verlassen hat. Dieses Gefühl von Sicherheit und Halt ist eine wichtige Voraussetzung, um Selbstständigkeit entwickeln zu können, was besonders für Menschen mit geistiger Behinderung oftmals nicht einfach ist. Umso wichtiger ist es für diesen Personenkreis, dass sie einen eigenen Wohnbereich haben, den sie verschließen können und in dem sie sich absolut sicher vor allen äußeren Einflüssen fühlen können. Wie wichtig dieser geschützte Raum des Wohnens in unserer Gesellschaft ist, zeigt sich im Artikel dreizehn des Grundgesetzes, welcher die Unverletzlichkeit der Wohnung als Grundrecht schützt (vgl. THESING 1998, S. 35).

Als zweite Funktion bietet die Wohnung Beständigkeit und Vertrautheit. Eine Wohnung gilt üblicherweise als wohnlich, wenn sich deren Bewohner mit Dingen umgeben können, die ihnen vertraut sind und welche sie mögen. Dies können zum Beispiel Fotos,

Bücher, die Lieblingsmusik oder persönliche Erinnerungsstücke sein. Diese Dinge bilden für die Bewohner eine Verbindung zur ihrem gegenwärtigen Leben und/oder zu ihrer Vergangenheit. Sie sind Teil der persönlichen Lebensgeschichte, sie vermitteln ihnen Konstanz und Identität. Durch das Einbringen von vertrauten Gegenständen in den eigenen Wohnbereich, macht man sich diesen Bereich gleichermaßen vertraut und zu Eigen. Auch bestimmte Personen, mit denen man zusammenlebt können diese Funktion erfüllen. Daher ist es auch für das psychische Wohlbefinden eines jeden Menschen nicht förderlich, wenn er seinen Wohnort häufig wechseln muss oder wenn die Bezugspersonen (dies können sowohl Mitbewohner, als auch Betreuer sein), mit denen er zusammen lebt sich oft ändern. Die Konstanz der räumlichen Umgebung und der Beziehungen vermittelt dem Menschen ein Gefühl von Zugehörigkeit und von Heimat. Bei Menschen mit geistiger Behinderung, die aus ihrem gewohnten Wohnumfeld in ein Heim oder eine andere Wohngruppe umziehen müssen, kann es oft hilfreich sein, wenn sie an der Gestaltung dieser neuen Wohnung oder des neuen Zimmers aktiv beteiligt sind, wenn sie also eigene Möbel oder persönliche Gegenstände mit in den Wohnraum hineinbringen können (vgl. ebd., S. 37).

Die eigene Wohnung dient auch zur Erfüllung der sozialen Bedürfnisse nach Kommunikation und Zusammenleben mit anderen Menschen. Nach BOLLNOW (1984, S. 153) ist Wohnen „nur als Gemeinschaft möglich, und das wahre Wohnen verlangt die Familie" (zit. n. THESING 1998, S. 40). Die große Anzahl an Singlehaushalten in unserer heutigen Gesellschaft belegt zwar, dass Wohnen durchaus auch alleine möglich ist, aber der Grundgedanke, den BOLLNOW zum Ausdruck bringen wollte ist dennoch aktuell – Menschen sind von Natur aus keine Einzelwesen, sondern soziale Wesen, die eine Gemeinschaft nötig haben, in der sie leben können. Das Bedürfnis der Menschen nach sozialen Kontakten und nach Kommunikation in ihrem Wohnumfeld ist ebenso wichtig wie die Möglichkeit, sich gegen die Außenwelt zu schützen und abzuschirmen. Das Zusammenwohnen mit geliebten und vertrauten Menschen, zum Beispiel mit dem Lebenspartner oder mit eigenen Kindern, gemeinsame Mahlzeiten und Gespräche in der Wohngemeinschaft strukturieren und bereichern für viele Menschen ihren Tagesablauf und ihr Leben (vgl. ebd.).

Obwohl das Bedürfnis nach Schutz und Privatsphäre auf den ersten Blick dem Bedürfnis nach Kommunikation und Gemeinschaft zu widersprechen scheint, sind dennoch beide für den Menschen von großer Bedeutung und müssen miteinander vereint und gegeneinander ausgeglichen werden, wenn der Mensch mit seiner Wohnsituation zufrieden sein soll. Ein zu stark ausgeprägtes Schutzbedürfnis kann dazu führen, dass man sich von seiner Umgebung absondert und dadurch vereinsamt (vgl. THESING 1998, S. 40; WEINWURM-KRAUSE 1999(a), S. 18). Wohnbereiche sollten also nach Möglichkeit so geschaffen sein, dass sie sowohl Zonen zur Sicherheit und Abgrenzung nach außen ermöglichen (zum Beispiel ein privates Schlafzimmer und Badezimmer), als auch Bereiche, in denen Gemeinschaft und Kommunikation mit Mitbewohnern ermöglicht wird (gemeinsames Esszimmer, Küche, Wohnzimmer) und auch Bereiche, in denen man Kontakt zu seiner Umwelt aufnehmen und pflegen kann (zum Beispiel im Hausflur oder Garten) (vgl. THESNIG 1998, S. 41).

Als vierte Funktion der Wohnung lässt sich die Möglichkeit zur Selbstverwirklichung und zur Selbstverfügung anführen. Im Gegensatz zu den meisten anderen Lebensbereichen, wie der Arbeit oder als Mitglied der Gesellschaft, ist die eigene Wohnung oft der einzige Bereich, über den man frei verfügen und den man ganz nach den eigenen Wünschen gestalten kann. Die eigene Wohnung oder das eigene Haus vermittelt dem Menschen das Gefühl von Unabhängigkeit und der Möglichkeit, etwas Persönliches und Eigenes hervorzubringen. Dort ist man frei von sozialen Kontrollen und Normen und kann allein das tun, was man selbst will. Den meisten Menschen sind aber in diesem Bedürfnis nach Gestaltung des Lebensraums und damit nach Selbstentfaltung und Selbstdarstellung ziemlich enge Grenzen gesetzt, zum Beispiel durch ihren finanziellen Spielraum. Umso mehr ist dies bei Menschen mit Behinderungen der Fall, die in Heimen leben und dort oft nicht viel an ihrem Wohnraum verändern und gestalten dürfen. Weiterhin gibt es besonders für Menschen die in Heimen leben auch viele äußere Beschränkungen für die Selbstverwirklichung durch Gestaltung des Wohnraumes, zum Beispiel durch Architektur und Mietverträge.[1]

Besonders radikal werden Menschen in ihrer Möglichkeit zur Selbstverwirklichung eingeschränkt, wenn sie sich ihren einigen Wohnraum mit einer oder mehreren anderen Personen teilen müssen, wie dies in vielen Einrichtungen für Menschen mit Behinderungen leider immer noch der Fall ist. Ohne diese Art von Selbstverwirklichung ist eine wirkliche Entspannung und Erholung nicht möglich, wie sie die eigene

---

[1] zu neuen Möglichkeiten des Bauens, besonders mit Blick auf Wohnmöglichkeiten für Menschen mit Behinderungen; siehe: WOLF, P.: Bauen und Bauten für geistig Behinderte 2003

Wohnung oder das eigene Haus bieten sollte und welche ausgesprochen wichtig für das psychische Wohlbefinden ist. Wenn Menschen nicht mehr über ihren Lebensraum und damit über ihre Lebensumstände verfügen können, verfallen sie häufig in Apathie, Hilflosigkeit und nehmen keine Verantwortung mehr für sich oder andere wahr (vgl. THESNIG 1998, S. 39).

Eng verbunden mit der Funktion der Wohnung als Raum zur Selbstverwirklichung ist auch die der Selbstdarstellung und der Demonstration von sozialem Status. Die eigene Wohnung fungiert für viele Menschen als eine Art „Statussymbol" (THESING 1998, S. 42). Indem man seine Wohnung so einrichtet und gestaltet, wie es einem gefällt, zeigt man damit seiner Umgebung, seinen Freunden und seiner Familie, wie man sich selbst sieht, wie man gern von anderen gesehen werden möchte und worauf man persönlich Wert legt. In den „Wohnleitbildern" (ebd.), nach denen wir unsere Wohnungen einrichten, kann man deutlich unsere Menschenbilder ablesen und man kann oftmals auch erkennen, aus welcher sozialen Schicht jemand kommt oder zu welcher er gehört. Daher ist es auch besonders wichtig, wie Wohnräume für Menschen mit Behinderungen gestaltet und bereitgestellt werden, denn anhand der Wohnleitbilder, die diesen Wohnmöglichkeiten zugrunde liegen, wird der Gesellschaft gezeigt, welcher Status Menschen mit Behinderungen in unserer Gesellschaft zugesprochen wird – werden sie hinter Mauern und verschlossenen Türen von der Gemeinde ferngehalten oder durch kleine Wohnformen, die sich von den Wohnungen von Menschen ohne Behinderungen nicht unterscheiden, als gleichwertige Mitglieder der Gesellschaft und ihrer Gemeinde ausgezeichnet (vgl. ebd., S. 43).

3.1.2 Lebensqualität als Zielkategorie

Die eigene Wohnung und ein dazugehöriges Wohnumfeld sind gute Ausgangspunkte für soziale Kontakte und Partizipation. Gleichzeitig bietet die Wohnung aber auch Raum für Privatsphäre und die Möglichkeit, einen eigenen Lebensstil zu finden und auszugestalten. Deshalb kommt es besonders in der Konzeption von Wohnräumen für Menschen mit Behinderung darauf an, dass in diesen Wohnungen oder Wohngruppen dem individuellen Unterstützungsbedarf entsprochen werden kann und dass sie gleichzeitig dem Bewohner ein subjektives Wohlbefinden in seinem Wohnen ermöglichen. Das Ziel von neuen Wohnformen muss es sein, Menschen mit geistiger Behinderung ein eigenes Leben in der Gemeinde zu ermöglichen, in dem sie ihre eigenen Vorstellungen und Wünsche für ein 'gutes' Leben realisieren können (vgl. WANSING 2005, S. 143).

Die verschiedenen Prinzipien und Paradigmen in der Behindertenarbeit, wie zum Beispiel Normalisierung, Selbstbestimmung und Integration haben dieses Ziel immer wieder von neuen Seiten beleuchtet und versucht, es in handlungsanleitende Formeln zu übersetzen. Im wissenschaftlichen und politischen Gebrauch dieser Paradigmen kommt es aber leider oftmals dazu, dass deren normative Gehalte, ihre Ziele und Mittel, sowie die erwünschte Wirkung neu definiert und kontrovers diskutiert werden. Dabei werden fachliche Begriffe zu häufig oder auch falsch benutzt, dass sie irgendwann kaum noch inhaltliche Bedeutung haben, sondern nur noch als Schlagworte zur Rechtfertigung von neuen Programmen oder Reformen benutzt werden (vgl. BECK 1998, S. 352).

Um sinnvoll in der Arbeit für und mit Menschen mit geistiger Behinderung angewandt zu werden, brauchen die genannten Paradigmen eine theoretische Begründung, eine praktische Umsetzung und vor allem die empirische Bewährung, dass die Wirkung der Arbeit nach diesen Prinzipien im Sinne der betroffenen Menschen mit geistiger Behinderung als gut anerkannt wird. Um diese guten Ergebnisse präzisieren zu können, bedarf es einer konkreten und überprüfbaren Zielvorstellung. Aus diesem Bedürfnis heraus hat sich in den achtziger Jahren der Begriff der Lebensqualität als Zielkategorie für die Arbeit nach den Prinzipien der Integration und Normalisierung sowohl in den USA, als auch in Deutschland herausgebildet (vgl. SCHWARTE/OBERSTE-UFER 1995, S. 244).

Das Konzept der Lebensqualität ist inzwischen besonders in den USA zum anerkannten Ziel von Veränderungsprozessen im System der Arbeit mit Menschen mit geistiger Behinderung geworden. Es hat den Vorteil, dass es als Zielkategorie für jeden leicht nachvollziehbar ist, denn jeder möchte gern so viel Lebensqualität wie möglich für sich selbst erreichen. Die Zielperspektive der Lebensqualität betont eine neue Denkweise, in welcher unter anderem die personenzentrierte Planung, das Unterstützer-Modell und Methoden der Qualitätssicherung betont werden. In Amerika hat dieser „new way of thinking" (SCHALOCK 2004, S. 13) bereits zu guten Ergebnissen geführt:

- Dienstleistungsanbieter organisieren ihre Angebote um das Individuum herum, statt die Personen in vorgegebene Programme zu pressen.
- Sowohl Konsumenten als auch Anbieter von Dienstleistungen bevorzugen das Paradigma der Unterstützung.
- Zur Verbesserung der organisatorischen Effizienz von Unterstützungsleistungen wird der Fokus auf die individuell erwünschten Ergebnisse gelegt.
- Für Einrichtungen der Behindertenhilfe werden Managementarten bevorzugt, deren Fokus auf kontinuierlicher Qualitätsverbesserung liegt (vgl. SCHALOCK 2004, S. 13).

Für die praktische Arbeit nach dem Konzept der Zielkategorie Lebensperspektive gibt es fünf zentrale Prinzipien, nach denen sich die Arbeit richten sollte.

Zum ersten stimmt man darin überein, dass sich Lebensqualität für Menschen mit Behinderungen grundsätzlich aus den gleichen Faktoren und Beziehungen zusammensetzt, wie für Menschen ohne Behinderung.

Zweitens gilt Lebensqualität dann als erreicht, wenn die Bedürfnisse einer Person getroffen sind und wenn die Person die Möglichkeit hat, in allen wichtigen Lebensbereichen ihr Leben zu genießen.

Weiterhin hat Lebensqualität subjektive und objektive Seiten, aber es ist vorrangig die Sicht der betroffenen Person, welche die erlebte Lebensqualität widerspiegelt.

An vierter Stelle steht, dass Lebensqualität auf individuellen Bedürfnissen, Entscheidungen und auf Kontrolle basiert.

Zuletzt ist wichtig, dass Lebensqualität ein multidimensionales Konstrukt ist, welches durch persönliche und gesellschaftliche Faktoren beeinflusst wird, wie zum Beispiel intime Beziehungen, das Familienleben, Freundschaften, die Arbeit, Nachbarschaften, der Wohnort, die Wohnlage, die Art der Ausbildung, die eigene Gesundheit, der eigene Lebensstandard und der Status des eigenen Landes.

Alle diese Aspekte gilt es zu beachten, wenn man in der Arbeit mit Menschen mit geistiger Behinderung auf das Ziel von Lebensqualität für die betroffenen Menschen hinarbeiten will (vgl. ebd.).

Nach aktuellen Forschungen kann man acht zentrale Bereiche unterscheiden, in denen sich die Lebensqualität einer Person widerspiegelt. Diese Bereiche müssen sowohl in der Planung von Wohn- und Unterstützungsangeboten für Menschen mit geistiger Behinderung berücksichtigt werden, als auch in der Umsetzung und Qualitätskontrolle dieser Angebote. Der erste Bereich in dem sich Lebensqualität widerspiegelt ist das *psychische Wohlbefinden* einer Person. Indikatoren hierfür können zum Beispiel die körperliche Gesundheit oder Aktivitäten des täglichen Lebens sein. An zweiter Stelle steht das *emotionale Wohlbefinden*, welches sich in allgemeiner Zufriedenheit, einem positiven Selbstbewusstsein und wenig Stress ausdrückt. Weiterhin sind *interpersonale Beziehungen*, die sich durch Interaktion und Unterstützung aus dem persönlichen Umfeld ausdrücken, und die *soziale Inklusion* wichtig. Diese zeigt sich zum Beispiel durch die Integration in die Gemeinschaft und Unterstützung aus dem sozialen Umfeld einer Person. Ein nächster Bereich ist die *persönliche Entwicklung*, die eine Person zum Beispiel während einer Ausbildung durchmacht oder beim Erlernen von persönlichen Kompetenzen. Weiterhin ist auch ein *materielles Wohlbefinden*, zum Beispiel in Form von vorhandener Erwerbsarbeit und einem guten finanziellen Status von großer Bedeutung für die Lebensqualität. Die *Selbstbestimmung* eines Menschen über sein eigenes Leben ist ein weiterer entscheidender Aspekt im Konzept der Lebensqualität. Indikatoren für Selbstbestimmung können der Grad an persönlicher Kontrolle sein, die jemand über seine Lebensumstände hat, sowie das Vorhandensein von Zielen und persönlichen Wertvorstellungen. Schließlich ist es für eine hohe Lebensqualität unverzichtbar, dass die betroffene Person über *Menschen- und Bürgerrechte* verfügt und diese auch geltend machen kann. In diesem Konzept werden sowohl die objektiven (materielle und psychisches Wohlbefinden), als auch die subjektiven (Emotionales Wohlbefinden, Selbstbestimmung) Indikatoren für die Bestimmung von Lebensqualität berücksichtigt (vgl. SCHALOCK 2004, S. 14).

3.1.3 Wohnwünsche von Menschen mit geistiger Behinderung

Wenn man das Konzept des Selbstbestimmten Lebens konsequent umsetzen will, dann reicht es nicht aus, allgemeine Wohnbedürfnisse zu formulieren und diese mit wissenschaftlich definierten Zielkategorien und handlungsanleitenden Paradigmen zu untermauern, sondern es ist von noch größerer Bedeutung, nach den konkreten Wünschen zu fragen, welche die betroffenen Menschen im Bezug auf ihre zukünftigen

Wohnmöglichkeiten äußern. Dieser Frage nach den Wohnwünschen von Menschen mit geistiger Behinderung werde ich nun anhand von 2 Studien nachgegangen werden, die in Deutschland und den Niederlanden durchgeführt wurden. In diesen Studien wurden Menschen mit geistiger Behinderung, die zum Teil in Heimen, zum Teil in ambulant betreuten Wohngruppen oder noch zu Hause bei ihren Eltern lebten zu den Wünschen und Vorstellungen befragt, die sie im Zusammenhang mit ihrem zukünftigen Leben und den für sie geeigneten Wohnräumen haben.

Projekt: „Weiterentwicklung von Wohnformen von Menschen mit Behinderung"
Im Zeitraum von Januar 2002 bis zum Dezember 2003 wurden im Rahmen des Projektes „Weiterentwicklung von Wohnformen von Menschen mit Behinderung" in Baden-Württemberg 931 Menschen mit Behinderung und stellvertretend 318 Angehörige von Menschen mit Behinderungen zu ihren Wünschen und Vorstellungen bezüglich ihrer künftigen Wohnsituation (bzw. der zukünftigen Wohnsituation ihrer Kinder) befragt. Zum Zeitpunkt der Befragung lebten 57% der Befragten bei ihren Eltern, 29% lebten in Wohnheimen und 15% in sonstigen Wohnformen, so zum Beispiel Wohnen mit Familienanschluss, Wohnen zusammen mit Geschwistern oder anderen Angehörigen, sowie ambulant betreute Wohnformen oder zusammen mit dem Lebenspartner. Bei der Befragung der Angehörigen ergab sich eine ähnliche Verteilung (vgl. RAUSCHER 2005, S. 147).
Zunächst sollte die gegenwärtige Wohnsituation der befragten Menschen mit geistiger Behinderung beurteilt werden. Dabei waren die Möglichkeiten zur Selbstbestimmung und Teilhabe von entscheidender Bedeutung für die Beurteilung der Wohnformen. Waren Selbstbestimmung und Teilhabe gewährleistet, erhielten die Wohnformen Pluspunkte, waren sie nicht oder nicht ausreichend möglich, wurden Minuspunkte verteilt. Ebenso wurden die baulichen, räumlichen und infrastrukturellen Bedingungen, sowie die Ausstattungen der Wohnräume untersucht. Besonders gewünscht – beziehungsweise vermisst – wurden von den Befragten ausreichende Rückzugsmöglichkeiten wie ein eigenes Zimmer. Auch die Möglichkeiten zu sozialen Kontakten und soziales Eingebundensein im direkten Umfeld wurden von den Menschen mit Behinderung als wichtig empfunden (vgl. RAUSCHER 2005, S. 148).

Die Befragung der Menschen mit geistiger Behinderung wurde anhand von einfach strukturierten Fragebögen in leichter Sprache durchgeführt. Die Wohnwünsche konnten dabei in vorgegebene Wohnkategorien eingetragen werden. Weiterhin gab es auch eine offene Kategorie, in welche die Wohnwünsche der Betroffenen eingetragen werden konnten, die sonst in keines der Antwortmuster passten. Bei der Beantwortung gab es auffallend oft Mehrfachnennungen von Wohnformen, die als akzeptabel angesehen wurden. Dies spricht für die Flexibilität der Menschen mit geistiger Behinderung, wenn es um die Wahl von möglichen Wohnformen geht. Es zeichnete sich deutlich ein Trend zu nicht-institutionellen Wohnformen ab, die von den befragten Personen offensichtlich bevorzugt wurden (vgl. ebd.).

An erster Stelle der gewünschten Wohnformen stand mit Abstand das Wohnen und Leben als Paar und/oder als Familie in der eigenen Wohnung mit einer Mehrheitsnennung von 42% der Befragten. Auch das Zusammenwohnen mit Familienmitgliedern (Eltern oder Geschwister) war von den Menschen mit geistiger Behinderung sehr geschätzt. Es stand mit 20% auf Platz drei der Wunschwohnformen. Dies zeigt, dass die Vertrautheit und der familiäre Zusammenhalt für Menschen mit Behinderung, genau wie für Menschen ohne Behinderung sehr wichtig sind. Auch bei befragten Personen, die nicht direkt mit Familienmitgliedern zusammenwohnen wollten, war die Verbindung zur Familie dennoch bedeutend. Sehr oft wurde die Nähe der eigenen Wohnung zum Wohnort der Familie als Wunsch formuliert (vgl. RAUSCHER 2005, S. 150).

An zweiter Stelle der Wunschwohnformen stand das Wohnen und Leben im Betreuten Wohnen mit 22% der Befragten. Darunter fallen in Baden-Württemberg ambulant betreutes Einzelwohnen, Paarwohnen sowie Wohngemeinschaften und Wohngruppen. Bei dieser Wohnform werden sowohl der Wohnraum, als auch die nötigen Unterstützungsleistungen von einem Leistungsanbieter zur Verfügung gestellt, was für die dort wohnenden Personen viel verlässliche Unterstützung und soziale Kontakte, bei gleichzeitiger hoher Selbstbestimmung bedeutet. Aus diesem Grund wurde diese Wohnalternative auch von über der Hälfte der befragten Angehörigen als optimale Wohnform für ihre Kinder mit geistiger Behinderung angesehen (vgl. ebd., S. 151).

An vierter und fünfter Stelle standen das Leben mit Freunden in einer Haus- oder Wohngemeinschaft (18%) und das alleine Wohnen in einer eigenen Wohnung (16%).

Besonders bei jungen Menschen mit geistiger Behinderung ist das Zusammenwohnen mit Freunden sehr beliebt, da sich hier gute Rückzugsmöglichkeiten in Verbindung mit festen sozialen Kontakten verbinden. Diese Wohnform wird ebenso gern von jungen Menschen ohne Behinderung, besonders von Studenten und Auszubildenden, genutzt. Das alleine Wohnen in einer eigenen Wohnung bietet den betroffenen Personen zwar den größtmöglichen Grad an Autonomie und Privatsphäre, stellt aber gleichzeitig auch sehr hohe Anforderungen an die Selbstständigkeit, das Organisationsvermögen und die Eigeninitiative der Menschen mit geistiger Behinderung, die ihnen besonders von ihren Angehörigen oft nicht zugetraut werden (vgl. ebd.).

Die kleinste Gruppe der Befragten (13%) wollte gern in einem Heim leben, weil sie sich davon die verlässlichste Versorgung und Betreuung versprachen. Diese Verteilung der Wohnwünsche von Menschen mit geistiger Behinderung widerspricht sowohl dem Leistungsangebot, circa 95% der Betreuungsplätze für Menschen mit geistiger Behinderung sind in Heimen angesiedelt, als auch den Wünschen und Vorstellungen der Angehörigen, von denen 39% eine Heimunterbringung als die geeignete Wohnform für ihr Kind angesehen hatten (vgl. RAUSCHER 2005, S. 153).

In der Frage nach der Gesamtzufriedenheit der Menschen mit geistiger Behinderung mit ihrer momentanen Wohn- und Lebenssituation gaben 17% der Befragten an, dass sie mit ihrer Lebenssituation zufrieden seien. Von diesen 17% lebte beinahe die Hälfte bei ihren Eltern und die restlichen verteilten sich ungefähr gleichmäßig auf Wohngruppen in Heimen oder auf sonstige Wohnformen. Nur weniger als 1% lebte mit dem eigenen Lebenspartner zusammen. Von den befragten Angehörigen waren dagegen 26% zufrieden mit der Wohnsituation ihrer Kinder, wobei die 67% dieser Kinder in Heimwohngruppen lebten, 28% wohnten noch zu Hause bei den Eltern und nur 5% lebten in Formen des betreuten Wohnens (vgl. RAUSCHER 2005, S. 154). Anhand dieser Ergebnisse wird sehr deutlich, dass die Einschätzung über die Wohn- und Lebenszufriedenheit von Eltern und Angehörigen von Menschen mit geistiger Behinderung sehr weit von den Wünschen und Vorstellungen der betroffenen Menschen selbst abweichen kann. Daher wird es in Zukunft noch wichtiger sein, dass Menschen mit geistiger Behinderung selbst an der Planung und Schaffung von Wohnmöglichkeiten beteiligt werden, denn nur sie selbst wissen, welche konkreten Vorstellungen und Anforderungen sie an ihre zukünftigen Wohnräume richten.

Wohnbedarfsuntersuchung der „Stichting Zorg voor mensen met een verstandelijke handicap Limburg (SZL)"

1996 führten Wilbrord Rongen und Hans Peter Wiebing vom PBW, Onderzoeksbureau voor beleid en bestuur, Maastricht in der Provinz Limburg, NL eine Untersuchung im Auftrag der SZL durch um herauszufinden, welche konkreten Wohnwünsche bei den Klienten der SZL vorhanden seien und inwieweit die momentane Wohnsituation der Betroffenen von diesen Wünsche abweicht. Das besondere an dieser Untersuchung war, dass es tatsächlich nur um die konkreten Wünsche und Vorstellungen der Klienten selbst ging und nicht etwa um die ihrer Angehörigen oder Betreuer. Die Untersuchung wurde mit Hilfe von Interviews durchgeführt, die bei Bedarf durch den Gebrauch von Piktogrammen ergänzt wurden. Die zentrale Fragestellung des Interviews lautete „Wie wollen Sie wohnen?". Nach Aussage der beiden Untersuchungsleiter war die häufigste Antwort auf diese Frage „Wir wohnen doch gut…", woraufhin nachgefragt wurde, ob eventuell noch irgendwelche unerfüllten Wünsche im Bezug auf das Wohnen bei den Befragten vorhanden wären. Darauf hätten die meisten Menschen mit geistiger Behinderung einige Wünsche aufzählen können (vgl. RONGEN 1998, S. 18ff.).

Die Untersuchung zeigte vielfältige Ergebnisse im Bereich der Wohnwünsche und Vorstellungen über Wohnformen der befragten Menschen mit geistiger Behinderung auf. Zur Zeit der Befragung wohnten 93% der Befragten in Gruppen. Auch in Zukunft wollten 76% weiterhin in Gruppen wohnen. 17% der Befragten würden gern zu zweit und nur 7% alleine wohnen (vgl. ebd., S. 26). Die Gruppen, in denen die Klienten der SZL derzeit wohnen umfassen zum Großteil mehr als 7 Personen. Von den Befragten die angaben, auch zukünftig gern in Gruppen zu wohnen, favorisiert nur circa ein Drittel weiterhin größere Gruppen. Zwei Drittel der Menschen mit geistiger Behinderung möchten dagegen lieber in kleineren Gruppen wohnen. Die meisten Gruppen der SZL sind heterogen bezüglich des Alters und Geschlechts der Bewohner zusammengesetzt. Zwei Drittel der Bewohner ist mit dieser Zusammensetzung zufrieden, während das restliche Drittel eine Änderung der Heterogenität bevorzugen würde (vgl. ebd., S. 28).

Ein extrem wichtiger Aspekt beim Wohnen ist die Privatsphäre, welche durch den eigenen Wohnraum gewährleistet sein sollte. Das Maß an Privatsphäre, welches den Klienten der SZL zur Zeit der Untersuchung zur Verfügung stand, wurde ermittelt, indem die Bewohner gefragt wurden, ob sie ihr Zimmer abschließen können oder ob sie die Möglichkeit haben, persönliche Gegenstände einzuschließen. Ungefähr 40% der Befragten konnten ihr Zimmer nicht abschließen. Unter den übrigen 60%, deren Zimmer abgeschlossen werden können, hatte die Hälfte der Bewohner keinen eigenen Schlüssel, sondern die Betreuer hatten den Zimmerschlüssel. Demnach konnten also weniger als ein Drittel der Bewohner tatsächlich ihr Zimmer selbst abschließen. Etwa 65% der Klienten, deren Zimmer nicht abgeschlossen werden konnte, hatten auch keinen abschließbaren Schrank, in dem sie wertvolle oder persönliche Gegenstände hätten verschließen können. Nach den Ergebnissen der Untersuchung gaben aber lediglich 35% der Befragten dieser Gruppe an, dass sie gern über einen abschließbaren Schrank verfügen würden und nur etwas mehr als die Hälfte der Menschen mit geistiger Behinderung, die ihr Zimmer nicht abschließen konnten, gaben an, dass sie dies gern tun würden (vgl. RONGEN 1998, S. 29).

Nur zwei Drittel der Befragten besaßen zum Zeitpunkt der Erhebung ein eigenes Schlafzimmer und circa 30% der Befragten gaben an, dass sie ihr Schlafzimmer für zu klein hielten. Zwar verfügte jeder Bewohner über ein eigenes Bett, aber nur drei Viertel der Bewohner hatten einen eigenen Kleiderschrank zur Verfügung. Ungefähr die Hälfte besaß einen Stuhl, eine Kommode oder Stereoanlage und nur ein Viertel hatten einen eigenen Fernseher, Schreibtisch oder eine Couch. Der Wunsch nach mehr Einrichtungsgegenständen war allerdings bei dem größten Teil der Befragten wenig ausgeprägt. Am häufigsten wurde der Wunsch nach einem eigenen Fernseher und einer Couch geäußert. Insgesamt betrachtet war die allgemeine Zufriedenheit mit der aktuellen Wohnsituation mit 92% zufriedenen Bewohnern sehr hoch. Trotz angegebener Zufriedenheit bei fast allen Bewohnern waren Wünsche zur Verbesserung der Wohn- und Lebensqualität vorhanden (vgl. ebd., S. 30ff.).

Auch zu der Art der Wohnungen, in denen die Befragten gern in Zukunft leben würden gab es viele Wunschäußerungen. Von den 7%, die zukünftig gern allein leben wollten gaben die meisten an, dass sie sich eine Wohnung mit Wohnzimmer, Schlafzimmer, eigener Toilette und/oder Badezimmer wünschen würden. Viele hätten dazu gern einen oder mehrere Räume, die sie gemeinschaftlich mit anderen nutzen könnten, wie zum Beispiel eine gemeinsame Küche oder einen allgemeinen Aufenthaltsraum. Die befragten Personen, die angegeben hatten, dass sie gern zu zweit leben würden, wünschten sich ein eigenes Bad, eine eigene Küche, sowie ein separates Wohnzimmer und mehrere Schlafzimmer. Zusätzlich hätten sie gern noch einen Raum für Hobbys oder zur Unterbringung von Gästen. Bei den 76% der Befragten, die gern weiterhin in Wohngruppen leben würden, gaben dennoch fast 90% an, dass sie gern über ein eigenes Schlafzimmer und ein eigenes Wohnzimmer verfügen würden. Immerhin 17% hätten gern ein eigenes Bad und viele wünschten sich auch zusätzliche Räume (vgl. RONGEN 1998, S. 33ff.).

Zum Wohnumfeld äußerten drei Viertel der Befragten den ausdrücklichen Wunsch, in einem Gebäude zu leben, welches sich äußerlich nicht als Behindertenwohnung erkennen lässt. Fast alle bevorzugten eine ruhige Wohnlage in einer ruhigen oder sehr ruhigen Strasse. Ungefähr 42% der Befragten würden gern auf dem Gelände der betreuenden Einrichtung leben, da sie sich dort sicherer fühlen. Für die weitere Wohnumgebung wurden die Nähe von Läden, von Tageszentren und der Arbeit bevorzugt. Sehr oft wurden auch die Nähe von öffentlichen Verkehrsmitteln, sowie von Kirchen und Discotheken gewünscht (vgl. ebd., S. 38).

Anhand der beiden Untersuchungen zu den Wohnwünschen und Vorstellungen der betroffenen Menschen mit geistiger Behinderung lassen sich verschiedene eindeutige Tendenzen ablesen, die bei der zukünftigen Planung von Wohn- und Unterstützungsangeboten berücksichtigt werden sollten.

Zunächst sollte noch einmal ausdrücklich hervorgehoben werden, dass der größte Teil der Menschen mit geistiger Behinderung durchaus in der Lage ist, sich konkret über die Vorstellungen und Wünsche zu äußern, die im Bezug auf ihre aktuelle oder zukünftige Wohnsituation vorhanden sind. Dass diese Wünsche sehr unterschiedlich und differenziert formuliert werden zeigt, dass auch Menschen mit geistiger Behinderung eigene und persönliche Wohnbedürfnisse entwickeln, auch wenn ihnen diese Fähigkeit von Angehörigen oder Einrichtungsmitarbeitern oft abgesprochen wird. Ganz allgemein lässt sich durch die Ergebnisse der beiden Untersuchungen zusammenfassen, dass Menschen mit Behinderungen im Durchschnitt etwa die gleichen Vorstellungen von einem guten Wohnen und Leben entwickeln, wie alle anderen Mitglieder der Gesellschaft auch. Zu diesen Vorstellungen gehört, dass man mit einem Lebenspartner, mit Familie und Freunden zusammenlebt, von denen man Anerkennung, Zuneigung und Fürsorge bekommt. Weiterhin sehen die meisten ein selbstbestimmtes und individuelles

Leben als gut an, sowie ein Leben ohne Besonderung oder Benachteiligung, mit gleichmäßig verteilten Chancen und Ressourcen für alle Mitglieder der Gesellschaft (vgl. RONGEN 1998, S. 40; RAUSCHER 2005, S. 156).

Die Ängste vieler Menschen mit geistiger Behinderung und auch besonders ihrer Angehörigen, dass in ambulanten Wohnformen keine verlässliche und ausreichende Betreuung gewährleistet werden könnte, sollte für die Weiterentwicklungen von Wohnangeboten für Menschen mit Behinderungen den Anstoß dazu geben, besonders diese Unterstützungsangebote zu fördern. Man benötigt in Zukunft viel mehr individuelle Unterstützungsarrangements, so dass Menschen mit Unterstützungsbedarf sich ein eigenes Leben gestalten können. Wichtige Aspekte dieser Unterstützungsarrangements wären eine individuelle Zukunftsplanung, eine externe Unterstützung, Unterstützerkreise aus Laien und Professionellen, die gezielte Unterstützung sozialer Kontakte und eine generelle Ressourcenorientierung (vgl. ebd.).

3.2 Formen des gemeindenahen Wohnens

Wie im vorigen Kapitel beschrieben äußern Menschen mit geistiger Behinderung am häufigsten den Wunsch nach Wohnformen, die sich im Wesentlichen nicht von den Wohnformen von Menschen ohne Behinderung unterscheiden.

Nach einer allgemeinen Einschätzung von Fachleuten auf dem Gebiet der Behindertenhilfe lag der Bedarf an gemeindenahen Wohnplätzen in Deutschland 1995 bei circa 45.000 bis 50.000 Plätzen. Das Angebot an solchen Wohnplätzen lag dagegen zu diesem Zeitpunkt nur bei circa 15.000 Plätzen (vgl. KRÄLING 1995, S. 11). Im Folgenden sollen einige Wohnformen vorgestellt werden, die bereits darauf hinarbeiten, dem Bedarf an gemeindenahen Wohnplätzen für Menschen mit geistiger Behinderung zu entsprechen.

3.2.1 Wohnen im Elternhaus

Den Prinzipien der Normalisierung entsprechend, sollte es für erwachsene Menschen mit geistiger Behinderung möglich sein, genau wie junge Erwachsene ohne Behinderung auch, im Alter von 20 bis 25 Jahren aus dem elterlichen Heim auszuziehen. Das Alter von Anfang bis Mitte 20 ist daher gut geeignet, weil die jungen Erwachsenen zu diesem Zeitpunkt ihres Lebens noch sehr lern- und aufnahmefähig sind und meist mit der neuen Situation gut umgehen können. Außerdem verstärken sich nach dem 20. Lebensjahr meist die Probleme zwischen Eltern und Kindern, wenn diese weiterhin im Haus der Eltern wohnen bleiben (vgl. SEIFERT 1998, S. 164). Dennoch wohnen nach fachlichen Schätzungen noch immer zwischen 50% und 70% aller Menschen mit geistiger Behinderung in der elterlichen Familie und werden dort entweder von ihren Eltern oder von ihren Geschwistern betreut (vgl. THESING 1998, S. 66). Dem Wunsch der meisten jungen Erwachsenen mit geistiger Behinderung, das Elternhaus zu verlassen, um in einer eigenen Wohnung oder einer angemessenen Wohnung der Behindertenhilfe unabhängig von den Eltern leben zu können, stehen verschiedene Hindernisse im Weg. Dies sind nicht ausreichend vorhandene Wohnalternativen für Menschen mit geistiger Behinderung, aber auch die häufige Sorge der Eltern, dass ihr Kind nicht in der Lage sei, alleine zu leben und dass die Betreuung, die es von Mitarbeitern von Einrichtungen oder Hilfsdiensten erhalten würde, nicht ausreichend oder qualitativ mangelhaft wäre (vgl. SEIFERT 1998, S. 165).

Das zu lange Verbleiben von jungen Erwachsenen mit geistiger Behinderung im Elternhaus ist für deren weitere Entwicklung hin zu einem möglichst erwachsenen und selbstständigen Leben nicht von Vorteil. Die Möglichkeiten dieser jungen Menschen, für sich eine adäquate Zukunftsperspektive zu entwickeln, sind durch die Planungen und Vorgaben der Eltern meist erheblich eingeschränkt (vgl. ebd.). Auch langfristig lassen sich viele Problemfelder erkennen. Personen mit geistiger Behinderung, die mit 40 Jahren noch im elterlichen Haushalt leben gelten als praktisch nicht eingliederungsfähig in die Gesellschaft. Sie werden dort oftmals nicht ausreichend gesundheitlich überwacht und es kommt vermehrt zu Vernachlässigungen der betroffenen Person. Wenn die Angehörigen, welche die Pflege und Betreuung eines Menschen mit Behinderung über Jahre hinweg komplett übernommen hatten, plötzlich versterben, hat der Betroffene oft keine weiteren Bezugs- oder Vertrauenspersonen, an die er sich wenden kann und die sich um ihn kümmern. Er ist dann gezwungen, aus dem Haus der Familie in ein Wohnheim für Menschen mit Behinderung umzuziehen, was unter diesen Bedingungen für ihn vermutlich ein schwerer Schlag sein wird (vgl. THESING 1998, S. 66).

Ein weiteres Problem ist, dass die Eltern oder Geschwister zu oft mit der Betreuung des behinderten Familienangehörigen allein gelassen werden. Es gibt für sie zu wenig Unterstützung und Entlastung und deshalb ist die Betreuung auf Dauer für die Familien extrem belastend, wodurch dann auch die positive Vertrautheit und Geborgenheit innerhalb der Familie nicht mehr möglich sein kann. Familienmitglieder, die ihr eigenes Leben für die Betreuung eines Familienangehörigen mit geistiger Behinderung aufgeben oder vernachlässigen müssen, um dessen Wohlergehen zu sichern, können auf Dauer mit ihrem Leben nicht zufrieden sein und diese Unzufriedenheit wird sich auch im Umgang mit dem betreuten Menschen mit geistiger Behinderung niederschlagen. Es gibt zwar bereits familienentlastende Dienste, welche die Betroffenen in der eigenen Wohnung bei der Familie betreuen, aber die sind für die Familie meist schwer zu finanzieren und außerdem selten flexibel und individuell genug, um sowohl den Familien, als auch der betroffenen Person mit geistiger Behinderung zu entsprechen (vgl. ebd., S. 67).

3.2.2 Wohnen in Gastfamilien

Die Idee des Lebens in Gastfamilien ist, dass Menschen mit geistiger Behinderung zwar nicht in ihren Ursprungsfamilien leben, sie aber dennoch einen gewissen Familienanschluss an die Familie haben, bei der sie wohnen. Für diese Wohnform gibt es verschiedene Arten, wie das Wohnen und Leben in Gastfamilien realisiert werden kann. Zum einen kann ein Mensch mit geistiger Behinderung (meist als Kind) in *Pflegefamilien* als vollwertiges Familienmitglied direkt in die Familie aufgenommen werden und zusammen mit dieser wohnen und leben. Weiterhin gibt es die Möglichkeit von *Kontaktfamilien*. Hier wohnt die betroffene Person nicht direkt mit der Familie zusammen, sondern nur in der unmittelbaren Umgebung der Kontaktfamilie, zum Beispiel als Untermieter oder in der Nachbarschaft. Die Familie trägt zwar einen gewissen Grad an Verantwortung für den Betroffenen, sie halten Kontakt miteinander und kümmern sich zum Teil auch um ihn, aber es werden keine konkreten Pflegeleistungen durch die Familienangehörigen erbracht. Als dritte Variante gibt es die Pensionsfamilie. Dem Menschen mit geistiger Behinderung wird durch seine Pensionsfamilie Wohnraum zur Verfügung gestellt und er wird von der Familie mit verpflegt. Auch hier werden von Familienangehörigen keine Pflege- oder Betreuungsleistungen erbracht. Dieses Konzept ist in Schweden bereits weit verbreitet und wird auch in den USA, England und Kanada vermehrt erprobt (vgl. THESING 1998, S. 68).

3.2.3   Gruppengegliederte Wohnheime

Unter dem Begriff Wohnheim versteht SEIFERT (1998) Einrichtungen mit einer Größe von 30 bis 40 Wohnplätzen, die jedoch regional unterschiedlich sein kann. Meist befinden sich in einem solchen Heim drei bis sechs Gruppen, in denen jeweils sechs bis zwölf Personen wohnen. Für Bewohner mit geringerem Betreuungsbedarf gibt es in verschiedenen gruppengegliederten Wohnheimen auch Außenwohngruppen, die mehr Selbstständigkeit erlauben (vgl. SEIFERT 1998, S. 169). Gruppengegliederte Wohnheime dienen ausschließlich dem Zweck des Wohnens und sind organisatorisch oftmals an eine Werkstatt für behinderte Menschen (WfbM) angegliedert. Sie sind meist kleine Einheiten, die von einem Träger der Behindertenhilfe organisiert sind. Über die Zusammensetzung der Bewohner dieser Heime entscheidet ebenfalls der Träger. In gruppengegliederten Wohnheimen wird eine Rund-um-die-Uhr-Betreuung für die dort wohnenden Menschen garantiert, weshalb sie als geeignete Wohnformen für Personen gelten, die mit den Anforderungen des alleine Wohnens überfordert wären (vgl. THESING 1998, S. 87).

Die Mitwirkung der Menschen mit geistiger Behinderung innerhalb dieser Wohnform wird durch Vertretung in Bewohner-Beiräten gewährleistet. Hier sollen die Wünsche von Betroffenen in wichtigen Entscheidungen angehört und berücksichtigt werden. Die Wohnform des gruppengegliederten Wohnheimes steht grundsätzlich allen Menschen mit geistiger Behinderung zur Verfügung. Sie wird allerdings noch nicht in allen Heimen konsequent umgesetzt. So sind in Deutschland immer noch viele so genannte „Großheime" (THESING 1998, S. 70) vorhanden, die eine Wohnplatzzahl von über 40 Plätzen aufweisen (vgl. ebd.).

50

3.2.4 Möglichkeiten des betreuten Wohnens

Für das Leben in Formen des betreuten Wohnens sind gewisse Voraussetzungen nötig, welche von den Menschen mit Behinderungen erfüllt werden müssen, wenn sie diese Wohnformen für sich in Anspruch nehmen möchten. Das wichtigste ist, dass die Bewohner in vielen Lebensbereichen relativ selbstständig sein müssen und nur unterstützende Hilfen benötigen sollten. Die Menschen mit geistiger Behinderung sind selbst Mieter ihrer Wohnung und tragen somit auch die voller Verantwortung für diese. Sie sollten daher ein eigenes Einkommen haben und keine finanzielle Unterstützung durch die Einrichtung brauchen. Die Bewohner tragen auch selbst Verantwortung für die Gestaltung des täglichen Lebens, weshalb auch relativ geringe Betreuungs- und Präsenzzeiten durch den Träger vorgehalten werden müssen. Außerdem müssen die Bewohner in bestimmten Situationen (zum Beispiel in Notfällen) in der Lage sein, selbstständig Hilfe anzufordern (vgl. THESING 1998, S. 77).

Der Bereich des betreuten Wohnens gliedert sich auf in *betreute Wohngemeinschaften* und *betreutes Einzel- oder Paarwohnen*. Wohngemeinschaften werden als „Zusammenleben von mehreren Personen […], die keine Familie sind, sondern sich aufgrund übereinstimmenden Willens der Mitglieder zu dieser Form des Zusammenlebens in Selbstverantwortung für die Regelungen der eigenen Angelegenheiten zusammengeschlossen haben" (Bundesarbeitsgemeinschaft der Überörtlichen Träger der Sozialhilfe 1987, S. 2; zit. n. THESING 1998, S. 86) definiert. Für den Menschen mit Behinderung bedeutet diese Wohnform konkret, dass er in einer organisatorisch selbstständigen Gruppe von drei bis sechs Personen lebt, die nur nachmittags und abends betreut wird. Dies ermöglicht den Bewohnern ein hohes Maß an Selbstbestimmung und Selbstverwirklichung im Alltag, da sie sich nicht nach Heimstrukturen, einer Zentralversorgung oder einem Dienstplan richten müssen. Gleichzeitig bringt es aber auch eine größere Verantwortung für alle Bewohner mit sich. Die Personen, die in einer solchen Wohngemeinschaft leben wollen, müssen bereit sein, dauerhaft in einer Gruppe mit anderen zusammenzuleben und sich auch alle anfallenden (Haus-) Arbeiten mit ihren Mitbewohnern zu teilen und diese verlässlich zu erledigen (vgl. SEIFERT 1998, S. 171).

Bei den Formen des betreuten Einzel- oder Paarwohnens wird von den Menschen mit geistiger Behinderung das gleiche Maß an Selbstverantwortung und Selbstständigkeit vorausgesetzt, wie beim Wohnen in betreuten Wohngruppen. Dafür bietet es aber den Menschen die Möglichkeit, alleine oder mit dem Partner zusammen in einer eigenen Wohnung zu wohnen und stundenweise (durchschnittlich 15 Stunden pro Woche) betreut zu werden. Die verschiedenen Formen des betreuten Einzelwohnens oder Paarwohnens kommen der Vorstellung der meisten Menschen von einen normalen Leben in der Gesellschaft an nächsten, weshalb auch so viele Menschen mit geistiger Behinderung diese Wohnform favorisieren. Trotzdem erfordert sie aber einen Grad an Selbstständigkeit, der mit dem momentanen Unterstützungsangebot viele Menschen mit geistiger Behinderung zu überfordern droht. Dies gilt nicht nur für den Bereich des Wirtschaftens und der Haushaltsführung, sondern ganz besonders für die Gestaltung der Freizeit und für die Aufnahme und Pflege von Kontakten zu Nachbarn und Freunden. Die meisten Menschen mit geistiger Behinderung, die vorher in Heimen untergebracht waren, haben kaum Erfahrungen und keine ausreichende Übung auf diesen Gebieten, wodurch bei vielen die Gefahr der Vereinsamung und der Isolation besteht (vgl. SEIFERT 1998, S. 173).

Trotz dieser Schwierigkeiten werden die Formen des betreuten Wohnens von den Menschen mit geistiger Behinderung, welche die Chance hatten, sie auszuprobieren, überwiegend als enorme Verbesserung gegenüber ihrer bisherigen Wohn- und Lebenssituation (im Heim) angesehen. Besonders die neu entdeckte Freiheit, in Kombination mit mehr Ruhe im Vergleich zu den oft hektischen und lauten Wohngruppen im Heim, übt einen großen Reiz auf die Bewohner aus, genauso wie ihre Eingliederung in die Gesellschaft. Fast alle möchten gern weiterhin im betreuten Wohnen bleiben und können sich nicht vorstellen, in ein Heim zurück zu ziehen (vgl. Dürr 1998, S. 106).

3.2.5   Wohngemeinschaften von Menschen mit und ohne Behinderungen

Eine relativ seltene und leider oft problematische Form des Wohnens für Menschen mit geistiger Behinderung ist das Zusammenleben innerhalb einer Wohngemeinschaft mit Menschen ohne Behinderung. Die Initiativen zu solchen Wohngemeinschaften gehen meist von engagierten Studenten oder jungen Menschen aus, die sich für ein gemeindeintegriertes Leben für Menschen mit geistiger Behinderung einsetzen möchten. Das Zusammenziehen muss auf jeden Fall von beiden Seiten freiwillig gewünscht sein, nachdem sich die zukünftigen Mitbewohner schon über einen längeren Zeitraum kennen und einschätzen können. Diese Form der gemischten Wohngemeinschaft ist besonders geeignet, um die soziale Integration der beteiligten Menschen mit geistiger Behinderung zu realisieren, da ein Großteil der jungen Menschen ohne Behinderung ebenfalls in Wohngemeinschaften zusammenwohnt und diese Wohnform damit also der gesellschaftlichen Normalität entspricht (vgl. SEIFERT 1998, S. 172).

Leider zeigt die praktische Umsetzung dieser Ideen allerdings häufig, dass solche Wohngemeinschaften in den meisten Fällen nicht von langer Dauer sind. Die wenigsten halten länger als ein Jahr. Es ist für die beteiligten Bewohner ohne Behinderung anscheinend zu schwierig, ihre Mitbewohner mit geistiger Behinderung auf der einen Seite als gleichberechtigte Partner anzusehen und sie ebenso zu behandeln, und auf der anderen Seite doch zumindest teilweise für sie verantwortlich zu sein und sie bei vielen Dingen des alltäglichen Lebens unterstützen zu müssen. Auch die verschiedenen Aufgaben und Pflichten in der Haushaltsführung können in vielen Fällen nicht gleichmäßig auf alle Bewohner der Wohngemeinschaft aufgeteilt werden, was ebenfalls zu Lasten der Mitbewohner ohne Behinderung geht. Bei den beteiligten Personen mit geistiger Behinderung ist es dagegen oft der Fall, dass sie sich nach einer gewissen Zeit von ihren Mitbewohnern bevormundet fühlen und bestimmte Freiräume in den Wohngemeinschaften vermissen (vgl. ebd.).

3.2.6   Wohnen in der eigenen Wohnung

Genau wie die meisten Menschen ohne Behinderung wünschen sich auch viele Menschen mit geistiger Behinderung (zwischen 7% und 16%) ein Leben in einer eigenen Wohnung. Durch eine ausreichende Bereitstellung von ambulanten Hilfen und mobilen Diensten wäre diese Wohnform sicher für alle Menschen mit geistiger Behinderung, auch für solche mit hohem Unterstützungsbedarf zu ermöglichen. Es gibt gegenwärtig drei Formen des Lebens in der eigenen Wohnung.

Beim *Wohnen in Servicehäusern, Servicewohnanlagen oder Fokuswohnungen* sind die Wohnungen organisatorisch an eine Trägerorganisation angebunden und in eine Wohnanlage für Menschen mit und ohne Behinderung integriert. Die Wohnungen für Menschen mit geistiger Behinderung sind dabei mit einer Zentrale verbunden, in welcher die benötigten Dienstleistungen im Bereich der Pflege, Haushaltsführung oder Freizeitgestaltung abgerufen werden können. Sie müssen aber von den Betroffenen selbst finanziert werden. Dies setzt natürlich voraus, dass die betroffenen Menschen mit geistiger Behinderung über ein eigenes Einkommen oder ein persönliches Budget verfügen und in der Lage sind, damit Leistungen einzukaufen, die sie benötigen. Kritisch betrachtet werden muss dabei das umfassende Hilfeangebot, welches vom Träger vorgegeben wird. Es bewirkt für die Empfänger dieser Leistungen eine Rundumversorgung, wie sie normalerweise in Heimen üblich ist und nicht den Prinzipien der Normalisierung entspricht. Außerdem wohnen in diesen Wohnanlagen immer noch sehr viele Menschen mit geistiger Behinderung auf engem Raum zusammen, so dass eine echte Integration in die Gesellschaft erschwert wird (vgl. WEINWURM-KRAUSE 1999(a), S. 43).

Das *Wohnen mit individuell organisierter Hilfe*, welches konzeptionell dem Assistenzmodell entspricht, ist nicht an Servicestationen angegliedert und gleicht daher mehr dem Leben von Menschen ohne Behinderung. Der Menschen mit geistiger Behinderung sucht sich die Anbieter von Dienstleistungen, die er benötigt selbst aus und stellt bei Bedarf persönliche Assistenten ein, wobei er selbst zum Arbeitgeber wird und nicht länger das Objekt von Hilfeleistungen ist. Dadurch können für ihn ein größerer Grad an Selbstbestimmung und erweiterte Möglichkeiten zur Inklusion realisiert werden. Problematisch an diesem Modell ist allerdings, dass vom Kostenträger meist nicht genug Geld für angemessene persönliche Assistenz gezahlt wird und dass einige Menschen mit geistiger Behinderung mit den Verhandlungen über Tagessätze und Arbeitsverträge für Assistenten überfordert sind (vgl. ebd., S. 44).

Beim *betreuten Einzelwohnen* (siehe oben) wird der Mensch mit geistiger Behinderung beim Auszug aus dem Heim und beim Finden einer neuen, für ihn geeigneten Wohnung von den Mitarbeitern aus seinem bisherigen Wohnumfeld begleitet und unterstützt. Außerdem steht ihm für einen bestimmten Zeitraum der Eingewöhnung auch die Möglichkeit offen, in seine bisherige Wohnform im Heim zurückzukehren, wenn er für sich feststellt, dass er sich durch das Leben in einer eigenen Wohnung überfordert fühlt und lieber wieder in einer Wohngruppe der Behindertenhilfe leben möchte (vgl. WEINWURM-KRAUSE 1999(a), S. 45).

Für alle drei Wohnformen sind ambulante Dienste und Hilfen nicht ausreichend vorhanden und wenn sie es sind, so besteht oftmals keine Wahlmöglichkeit unter verschiedenen Anbietern. Ebenso tun sich Vermieter und Nachbarn schwer, sich auf Mieter mit geistiger Behinderung einzustellen, so dass auch in diesem Bereich vermehrt Aufklärungs- und Unterstützungsarbeit geleistet werden muss. Besonders für Menschen mit schwerer geistiger und/oder mehrfacher Behinderung werden diese Wohnkonzepte daher wahrscheinlich nur sehr vereinzelt in Frage kommen (vgl. ebd.).

3.2.7 Eltern-Kind-Wohnen

Aufgrund der steigenden Zahlen von Elternschaften von Menschen mit geistiger Behinderung in den vergangenen Jahren wird es immer wichtiger, für diesen Personenkreis geeignete Wohnformen zu schaffen, die auf die Bedürfnisse der Familien abgestimmt sind. Das Eltern-Kind-Wohnen bietet Menschen mit geistiger Behinderung, die ein eigenes Kind (eigene Kinder) haben, das mit ihnen zusammen lebt, eine gemeinsame Wohnung und ambulante Betreuung. Obwohl der Bedarf an dieser Wohnform bereits sehr groß ist, gibt es bisher leider nur sehr wenige Angebote. Ziel dieser Wohnform ist es, dass die Familien so zusammenleben können, dass gleichzeitig die Bedürfnisse der Eltern oder des Elternteils mit geistiger Behinderung optimal berücksichtigt werden, und dass ebenso das Wohl des Kindes nicht gefährdet ist und es die Chance hat, sich altersgemäß zu entwickeln. Arbeitsschwerpunkte für die Betreuer solcher Wohnformen müssen unter anderem die Stärkung der Beziehung zwischen den Eltern, sowie die Qualität der Beziehung zwischen Eltern und Kind sein. Dies erfordert eine doppelte Verantwortung, die sehr komplex und schwierig zu bewältigen ist, da immer sowohl die Bedürfnisse des Kindes, als auch die der Eltern oder des Elternteils bedacht werden müssen, welche zum Teil gegensätzlich sein können (vgl. SEIFERT 1998, S. 175; THESING 1998, S. 77).

3.2.8 Wohnvorbereitung: Trainingswohnen und Wohnschulen

Der Umzug aus dem Elternhaus oder aus dem Wohnheim in eine selbstständigere Wohnform stellt für viele Menschen mit geistiger Behinderung eine Anforderung dar, der sie allein nicht gewachsen sind. Die Bewohner entwickeln oft Ängste vor den vielen unvorhergesehenen und scheinbar unkontrollierbaren Situationen, die mit einem solchen Umzug auf sie zukommen. Um solche Ängste und Misserfolge beim Einzug in neue und eigenständigere Wohnformen abzuschwächen und die Betroffenen besser vorzubereiten, wurden in vielen Einrichtungen der Behindertenhilfe Wohntrainings eingeführt, in denen die Menschen mit geistiger Behinderung zur Probe in ihren zukünftigen Wohnformen wohnen können, aber noch nicht allein gelassen werden (vgl. THESING 1998, S. 88).

Dieses Trainingswohnen soll auf das selbstständige Leben allein, als Paar oder Familie oder als Wohngemeinschaft vorbereiten. Die Lernfelder, welche im Wohntraining erprobt und geübt werden sollen, liegen im Bereich der Haushaltsführung, der Kommunikation, im Umgang mit Finanzen, sowie im Training von eigenständiger Hygiene, Freizeitgestaltung, Kultur und Verkehrserziehung. Außerdem ist das Kennenlernen der zukünftigen Mitbewohner von großer Bedeutung, sowie das Üben des künftigen Umgangs miteinander (vgl. SEIFERT 1998, S. 176).

Das Trainingswohnen wird von den Betroffenen unterschiedlich bewertet. Viele halten es für eine gute Idee, dass sie vor dem endgültigen Einzug in die eigene Wohnung noch verschiedene lebenspraktische Fähigkeiten erlernen können und mögen die Erfahrung, mit den Menschen in einer kleinen Wohngemeinschaft zusammen zu wohnen, mit denen sie auch später ihre Wohnung teilen werden. Andere halten diese Art von Training für überflüssig und sind der Ansicht, dass sie schon alle nötigen Fähigkeiten zum alleine wohnen haben oder aber solche, die noch fehlen auch direkt im betreuten Wohnen lernen könnten. Erfahrungen haben aber gezeigt, dass die Bewohner, die ein Wohntraining durchlaufen haben, sich im betreuten Wohnen wohler fühlten und schneller mit der neuen Situation zurecht kamen als diejenigen, die kein Training hatten (vgl. DÜRR 1998, S. 108ff.).

3.2.9 Zusammenfassende Einschätzung

Wie in diesem Kapitel aufgezeigt, gibt es für Menschen mit Behinderungen bereits sehr vielfältige Wohnangebote und Alternativen zu einer Unterbringung in einem Heim der Behindertenhilfe. Leider zeigt es sich aber, dass für viele dieser Alternativen ein so hoher Grad an Selbstständigkeit erforderlich ist, dass sie in ihrer gegenwärtigen Ausgestaltung und mit dem vorhandenen Unterstützungsangebot nur für einen geringen Teil der Menschen mit geistiger Behinderung angemessen erscheinen können und insbesondere Menschen mit schwerer geistiger Behinderung und hohem Unterstützungsbedarf fast keines dieser Angebote in Anspruch nehmen können. Dies belegen auch viele Praxisbeispiele, in denen gemeindenahe Wohnformen für Menschen mit geistiger Behinderung erprobt wurden.

Die Lebenshilfe Schweinfurt bietet zum Beispiel begleitetes Wohnen in der eigenen Wohnung (allein oder als Paar) für Menschen mit geistiger Behinderung an. Allerdings sind alle dortigen Bewohner in einer WfbM beschäftigt, womit ein hoher Grad an Belastbarkeit und Eigenständigkeit vorausgesetzt werden kann (vgl. RIEDINGER 1990, S. 71ff.). Die Lebenshilfe Berlin gibt an, dass für das betreute Einzelwohnen, welches dort angeboten wird, nur etwa 10% der Menschen mit geistiger Behinderung in Frage kommen. Die Voraussetzungen für das betreute Einzelwohnen sind, dass die Bewohner morgens alleine aufstehen und zur Arbeit gehen können, sie müssen einfache Mahlzeiten selbst zubereiten können, müssen ihre Körperpflege weitestgehend allein bewältigen und müssen verständlich kommunizieren und im Notfall eigenständig Hilfe holen können (vgl. JAHN 1990, S. 81). Von der Lebenshilfe Bremen wird ein Wohnstättenverbund mit verschiedenen Wohnformen für Menschen mit geistiger Behinderung angeboten, die sowohl Wohnheime, Wohngruppen, als auch externe Wohnungen umfassen. Dabei wird aber nur im Bereich der Wohnheime eine Rund-um-die-Uhr-Versorgung gewährleistet, zu welcher auch eine Nachtwache oder Nachtbereitschaft gehört. Um in einer der Wohngruppen leben zu können, sollen die Bewohner zumindest selbstständig einkaufen, Hausarbeiten erledigen und allein zur Arbeit gehen können. Um einen Wohnplatz in einer der externen Wohnungen beziehen zu können, müssen die Menschen mit geistiger Behinderung sich dort weitestgehend selbst versorgen können. Sie erhalten zwar noch pädagogische Begleitung und hauswirtschaftliche Hilfen, aber eine dauerhafte und umfassende Betreuung kann dort nicht gewährleistet werden (vgl. IGLHAUT 1990, S. 17ff.). Auch die Lebenshilfe Trier bietet verschiedene Formen des gemeindenahen Wohnens an. Auch hier sind gewisse Voraussetzungen notwendig. Dazu gehören eine möglichst hohe Selbstständigkeit in lebenspraktischen und hygienischen Angelegenheiten, so dass kein Früh- und Nachtdienst notwendig ist, die Anfallsfreiheit der Bewohner und die Akzeptanz der anderen Gruppenmitglieder (vgl. MOHR/HEIMERMANN/BARG 1990, S. 66ff.).

Bei der Lebenshilfe Gießen zeigt sich allerdings, dass es mit den nötigen Formen der Unterstützung auch möglich sein kann, Menschen mit schwerer geistiger Behinderung ein normales Leben innerhalb der Gesellschaft zu ermöglichen. Von den 110 Personen, die dort leben gehört fast die Hälfte zum Personenkreis der Menschen mit schwerer geistiger und mehrfacher Behinderung mit einem hohen Hilfebedarf in allen Lebensbereichen und oft mit auffälligem Verhalten. Keiner dieser Bewohner hat einen Platz in einer WfbM, sondern die Lebenshilfe bietet in ihrer Tagesförderstätte ein tagesstrukturierendes Angebot für diese Menschen. Die Lebenshilfe Gießen bietet ihren Bewohnern verschiedene Wohnstätten mit sechs bis achtzehn Wohnplätzen, sowie einen ambulanten Bereich für 60 Personen, die in ihrer eigenen Wohnung wohnen. Alle diese Wohnstätten befinden sich im Kreis Gießen in kleinen oder mittelgroßen Ortschaften, sowie in der Gießener Innenstadt. Weiterhin sind die Wohneinrichtungen von außen nicht als Behindertenwohnungen erkennbar. In allen Wohnformen gibt es eine Nachtwache oder Nachtbereitschaft und die Besetzung der Wohnstätten mit Betreuern orientiert sich weitestgehend am individuellen Hilfebedarf der Bewohner (vgl. HASENAUER 2006, S. 176ff.).

3.3 Unterstützungsangebote für gemeindenahes Wohnen

Im letzten Abschnitt der Arbeit wurden verschiedene aktuelle Möglichkeiten des Wohnens für Menschen mit geistiger Behinderung vorgestellt. Um den Menschen aber tatsächlich ein Leben so normal wie möglich innerhalb einer Gemeinde und als Mitglied dieser Gemeinde zu ermöglichen, reicht es nicht aus, nur den passenden Wohnraum zur Verfügung zu stellen. Durch den Auszug aus Institutionen oder aus ihrem Elternhaus können für viele Menschen mit geistiger Behinderung die meisten ihrer sozialen

Kontakte (zum Beispiel in den Wohngruppen) verloren gehen. Diese Sozialkontakte können und sollen nicht nur durch die professionellen Helfer ausgeglichen werden, welche für die Betroffenen weiterhin Unterstützungsleistungen erbringen. Nach den Ideen der Inklusion und der Normalisierung sollen diese sozialen Kontakte vielmehr durch das neue unmittelbare Lebensumfeld der Menschen mit geistiger Behinderung erfolgen. Da diese Menschen oft nicht alleine in der Lage sind, sich ein so differenziertes soziales Netz aufzubauen, wie es die meisten anderen Menschen können, muss es zu den neuen Aufgaben ihrer Unterstützer gehören, beim Aufbau, bei der Ausgestaltung und der Pflege von solchen sozialen Netzwerken aktiv und motivierend tätig zu sein (vgl. DÖRNER 2007(b), S. 56).

Das unterstützte Wohnen (supported living) ist eine flexible Wohnform, durch die es Menschen mit geistiger Behinderung ermöglicht werden soll, ein normales Leben innerhalb ihrer Gemeinde führen zu können. Daher ist dieses Wohnangebot auch vorrangig an den individuellen Bedürfnissen des einzelnen Bewohners ausgerichtet. Da es beim unterstützten Wohnen um ein Wohnen geht, dass dem von Menschen ohne Behinderung am nächsten kommen soll, kann dies nicht in Wohn- oder Pflegeheimen, oder in großen Wohngruppen organisiert sein. Durch das unterstützte Wohnen sollen die Grundbedürfnisse der Bewohner nach Sicherheit, Privatsphäre und Intimität erfüllt werden und sie sollen die Möglichkeit zu Selbstverwirklichung und Kommunikation in ihrem Lebensumfeld erhalten (vgl. THEUNISSEN 2005, S. 219).
Damit diese Ziele erreicht werden können, genügt es nicht, eine Wohnung innerhalb der Gemeinde anzumieten und den dort wohnenden Menschen mit geistiger Behinderung ausreichend ambulante Betreuung zur Verfügung zu stellen, damit sie eigenständig in dieser Wohnung leben können. Zusätzlich brauchen die Bewohner die Einbindung in die Gemeindestrukturen und ein verlässliches soziales Unterstützungsnetz, welches sich aus Familienangehörigen, Freunden, Nachbarn, Gemeindemitgliedern und freiwilligen Helfern zusammensetzen kann. Diese sozialen Unterstützernetze wachsen nicht von alleine und viele Menschen mit geistiger Behinderung haben zu wenige, zu kleine oder zu schwache soziale Netze, die ihnen nicht ausreichend als sozialer Schutzfaktor dienen können. Dabei sind diese „enabling niches" (THEUNISSEN 2005, S. 220), eine entscheidende Voraussetzung, um die Entwicklung hin zum selbstständigen Wohnen

und Leben in der Gemeinde zu ermöglichen und zu unterstützen. Professionelle Helfer haben verschiedene Strategien entwickelt, um verlässliche Beziehungen im Wohnumfeld zu schaffen und zu pflegen. Einige davon sind das Veranstalten von Gemeinde- und Stadtfesten, die gemeinsame Nutzung von kulturellen Orten und Veranstaltungen, Patenschaften von Bürgern ohne Behinderung für Bürger mit Behinderung, die Förderung und Unterstützung von Selbsthilfegruppen vor Ort, sowie konkrete Nachbarschaftshilfe (vgl. ebd.).

Einige dieser neuen Unterstützungsformen, welche den Ausbau von gemeindenahen Wohnformen begleiten und unterstützen müssen, um Inklusion für die Betroffenen zu sichern, sollen in diesem Kapitel exemplarisch vorgestellt werden, wobei im Rahmen dieser Arbeit keine vollständige Darstellung aller Unterstützungsformen möglich ist. Es gibt sehr viele verschiedene Unterstützungsangebote, da es in jeder Gemeinde unterschiedliche Rahmenbedingungen gibt und jeder Mensch einen anderen Unterstützungsbedarf hat, um in seinem Lebensumfeld integriert zu leben. Dennoch gibt es bestimmte Grundmuster in der Unterstützung von gemeindenahen Wohnformen, die in den meisten Konzepten anzutreffen sind.

3.3.1   Regionale Verbundsysteme

Ein solches Angebot zur Unterstützung von gemeindenahen Wohnformen, welches sich in den letzten Jahren vermehrt herausgebildet hat, sind so genannte regionale Verbundsysteme. Diese Verbundsysteme bündeln und stellen Angebote zur Verfügung, die es Menschen mit geistiger Behinderung ermöglichen sollen, alle Unterstützung, die sie benötigen innerhalb des Einzugsgebietes des Verbundsystems zu erhalten. Um dies zu erreichen, setzen sich diese regionalen Verbundsysteme aus verschiedenen Bausteinen zusammen. Zunächst dienen sie als Beratungs- und Koordinierungsstelle für alle Personen mit geistiger Behinderung die in der Region leben und für deren Angehörige und Betreuer. In dieser Funktion informieren sie zum Beispiel über freie Wohnplätze in Einrichtungen im Umkreis, sowie über alternative Wohn- und Betreuungsformen, die regional angeboten werden (vgl. SEIFERT 1998, S. 183).

Weiterhin gehören ambulante Hilfen und familienentlastende Dienste zum Angebot der Verbundsysteme. Diese Dienste sollen die oft überforderten Angehörigen entlasten, welche in ihren Familien Menschen mit geistiger Behinderung betreuen.

Zum Dritten bieten sie für die Menschen mit geistiger Behinderung praktische Unterstützung an, um ihren Alltag zu bewältigen. Zu diesem Angebot gehören auch Kurzzeitwohnplätze, wenn es sich zeigt, dass eine aktuelle Wohnsituation kurzfristig nicht mehr länger tragbar ist und sofort eine Alternative geschaffen werden muss.

Regionale Verbundsysteme wollen für Menschen mit Unterstützungsbedarf ein einfach strukturiertes System von Wohnmöglichkeiten mit unterschiedlicher Betreuungsintensität schaffen, in welchem der Zugang zu kleinen und dezentralen Wohnformen nicht vom Grad der Selbstständigkeit abhängig ist, sondern welches in allen Wohnformen auch Plätze für Menschen mit hohem Unterstützungsbedarf bereithält (vgl. ebd., S. 184). Zur Angebotspalette dieser Verbundsysteme sollen aber nicht nur Wohnformen gehören, sondern auch Arbeits- und Beschäftigungsplätze in der Region, sowie Freizeit und Bildungsangebote, welche für ein normales Leben unentbehrlich sind und möglichst gleichermaßen für Menschen mit und ohne geistige Behinderung geschaffen werden sollen, damit sie zur Integration in die Gemeinde beitragen können (vgl. ebd., S. 185).

Auch Kriseninterventionsdienste und therapeutische Angebote können Aufgaben von regionalen Verbundsystemen sein, um besonders Mitarbeiter zu unterstützen, die mit Menschen mit schwerer geistiger und mehrfacher Behinderung zusammenarbeiten. Diese Mitarbeiter sind oft emotional und nervlich stark gefordert und brauchen daher spezielle Beratung, wenn es um den Umgang mit problematischem Verhalten von Bewohnern geht. Diese Kriseninterventionsdienste sollen nach Möglichkeit vor Ort in den Einrichtungen, Wohngruppen oder den Familien tätig werden und sowohl intervenierend, als auch präventiv und nachsorgend arbeiten. Nicht zuletzt ist die Öffentlichkeits- und Gemeinwesenarbeit ein entscheidendes Aufgabenfeld von Verbundsystemen, denn Menschen mit geistiger Behinderung müssen in einem Umfeld leben können, welches ihren Bedürfnissen entspricht und ihre Einzigartigkeit akzeptiert (vgl. SEIFERT 1998, S. 185).

3.3.2 Beratungsangebote

Die Beratung von Menschen mit geistiger Behinderung hat als Unterstützungsangebot den Vorteil, dass sie in jeder Lebenssituation denkbar und hilfreich ist. Das bedeutet, dass der Ratsuchende sich nicht erst in einer Krise befinden muss, um dieses Angebot wahrzunehmen, sondern es eignet sich besonders zur Prävention von Lebenskrisen und zur frühzeitigen Unterstützung auch in leichten Problemsituationen.

Methodisch gilt für die Beratung von Menschen mit geistiger Behinderung, dass sie sich vorrangig an den individuellen Stärken und Kompetenzen der betroffenen Personen orientieren sollte. Es ist für den Umgang und die Bewältigung von problematischen Lebenssituationen nicht hilfreich, wenn man Klienten in der Beratung unnötig auf ihre Defizite und Problemfelder hinweist und sie daraufhin definiert. Diese Konzentration auf die Schwächen der Betroffenen bewirkt eher einen Verlust von Selbstvertrauen und führt oft zu Passivität und Antriebslosigkeit aus der Überzeugung heraus, die eigenen Probleme nicht selbst lösen zu können. Stattdessen sollte der Berater sich im so genannten Kompetenzdialog insbesondere auf die Talente, Fähigkeiten und Ressourcen, über die jeder Mensch verfügt, konzentrieren. Diese muss er in der Beratung herausfinden und sie dem Betroffenen als mögliche Kompetenzen zur selbstständigen Lösung seiner Probleme bewusst machen, denn viele Menschen mit geistiger Behinderung sind sich ihrer Stärken kaum oder gar nicht bewusst. Diese Stärken müssen in der Beratung außerdem ausgebaut und unterstützt werden. Damit wird dem Menschen mit Behinderung gleichzeitig die Möglichkeit gegeben, aus der passiven Rolle des Hilfeempfängers heraus in eine aktive und gestaltende Rolle zu gelangen. Weiterhin ist es methodisch sinnvoll und für den Klienten leichter, lösungsorientiert zu arbeiten, indem man also versucht, schon vorhandene, erfolgreiche Handlungsmuster zu verstärken, anstatt auf die Auflösung von Problemen oder unerwünschten Verhaltensmustern hinzuarbeiten (vgl. THEUNISSEN 2006(a), S. 194). Um in der Beratung stärkenorientiert zu arbeiten, kann man sowohl an den persönlichen Stärken der zu beratenden Person anknüpfen, als auch an ihren sozialen Ressourcen, die im direkten sozialen Umfeld der Person zu finden sind. Diese Ressourcen können Familienmitglieder sein, sowie Freunde, Kollegen und Nachbarn. Sie bilden für den

Menschen mit geistiger Behinderung eine Art sozialer Stütze, die ihm emotionale Sicherheit und Unterstützung in schwierigen Situationen bieten (vgl. ebd., S. 195).

Wie bereits erwähnt, eignet sich die Beratung als Unterstützungsform nicht nur zur Intervention in Krisen- oder Problemsituationen, sondern sie ist auch besonders als präventives Angebot für Menschen mit geistiger Behinderung ausgesprochen hilfreich. Inhalte für solche präventiven Beratungsgespräche können die persönliche Lebens- und Zukunftsplanung sein, sowie die Beratung für die Nutzung eines persönlichen Budgets, Netzwerkberatung, Eltern-, Familien- und Angehörigenberatung, Umfeldberatung und Öffentlichkeitsarbeit (vgl. THEUNISSEN 2006(a), S. 196). Für all diese Formen der Beratung gilt, dass Menschen mit geistiger Behinderung in den seltensten Fällen die gut gemeinten Ratschläge von Experten brauchen, die selbst nicht erfahren haben, was es bedeutet, ein Leben mit Behinderung zu führen. Daher muss es in der Beratung von Menschen mit geistiger Behinderung verstärkt zur Normalität werden, dass diese auch direkt von Menschen mit geistiger Behinderung beraten werden, denn nur die können eine einigermaßen zutreffende Vorstellung davon entwickeln, mit welchen Schwierigkeiten die Betroffenen tatsächlich konfrontiert sind.

Auch für Menschen mit schwerer geistiger Behinderung und solche Klienten, die sich nur sehr begrenzt verständigen können, sollte es die Möglichkeit der Beratung geben. Bei ihnen wird es allerdings oft notwendig sein, als deren Fürsprecher zu agieren und somit für sie stellvertretende Problemlösungen zu entwickeln, wenn sie sich selbst nicht äußern können. Für diese Art von Beratung sind so genante „Unterstützerkreise" (THEUNISSEN 2006(a), S. 198) sehr hilfreich. Mit Unterstützerkreisen arbeiten heißt, dass an der Beratung möglichst viele oder alle Personen teilnehmen, die im Leben des Betroffenen eine wichtige Rolle spielen. Diese Menschen sollen versuchen, gemeinsam den Wünschen und Interessen des Betroffenen so nahe wie möglich zu kommen. Natürlich darf der Mensch mit geistiger Behinderung selbst trotzdem nicht ausgeschlossen werden. Er sollte immer an Diskussionen und Entscheidungen beteiligt sein, sollte in jedem Fall anwesend sein und es muss versucht werden, ihm mit allen möglichen Kommunikationsmitteln verständlich zu machen, worum es in der Beratung geht (vgl. ebd.).

3.3.3 Kriseninvention

In Verbindung mit der Beratung von Menschen mit geistiger Behinderung oder auch ergänzend kann Unterstützung in Form von Kriseninventionen für Betroffene und Angehörige eine große Hilfe sein. Dabei sind allerdings Krisen zunächst von Verhaltensauffälligkeiten oder psychischen Störungen abzugrenzen, um geeignete Interventionen anwenden zu können. Es gibt für die Definition von Krisen vier zentrale Merkmale die auf die aktuelle Situation zutreffen müssen, um berechtigterweise von einer Krise zu sprechen. Zuerst sind Krisen zeitlich begrenzt. Weiterhin sind sie Ereignisse mit Störungscharakter, in welchen die herkömmlichen Copingstrategien der Betroffenen versagen. Krisen beziehen sich drittens immer auf ein ausgeprägtes Maß an Belastung für die Betroffenen und ihre Angehörigen und zuletzt wird mit einer Krise eine entscheidende Wendung im Vergleich zu bisherigen (Belastungs-) Situationen beschrieben. Krisen können aber durchaus in Verbindung mit oder als Folge von Verhaltensauffälligkeiten oder psychischen Störungen auftreten, auch wenn sie mit diesen nicht verwechselt werden sollten (vgl. THEUNISSEN 2006(a), S. 206).

Ebenso wie bei der Beratung, sollte auch bei der Betrachtung von Krisen nicht der Mensch mit geistiger Behinderung allein im Zentrum stehen, sondern auch sein Lebensumfeld und seine sozialen Netzwerke. Denn die Ursachen von Krisen können sowohl in den persönlichen Dispositionen des Betroffenen, als auch in seinem Lebensumfeld liegen. In den meisten Fällen wird es eine Mischung aus beidem sein. Daher muss es auch in der Bewältigung der Krise – in der Kriseninvention – darum gehen, sowohl den Betroffenen, als auch sein soziales Umfeld in den Blick zu nehmen und mit beiden zu arbeiten. Die Kriseninvention soll dabei aber weniger im Sinne von Eingreifen verstanden werden, sondern mehr als eine Art von Vermittlung zwischen dem Betroffenen, seinem sozialen Umfeld und allen Beteiligten (vgl. ebd., S. 208). Die Kriseninvention zielt neben Unterstützung der betroffenen Person auch immer auf Hilfe und Entlastung für deren Umfeld und auf die Stärkung der Handlungsfähigkeit von Bezugspersonen. Daher sollte der Ort der Kriseninvention auch möglichst die konkrete Lebenswelt des Betroffenen sein, denn dort entstehen die Probleme und dort müssen sie auch bewältigt werden (vgl. ebd., S. 209).

Die Unterstützungsformen der Krisenintervention können sowohl präventiv, als auch akut-intervenierend notwendig und sinnvoll sein[2]. Die präventive Form der Krisenintervention zielt meist darauf ab, dem Einzelnen zu helfen, sein Selbsthilfepotential zu stärken, so dass er lernt, besser mit schwierigen Situationen umzugehen. So kann unter Umständen das Zustandekommen einer Krise gänzlich vermieden werden. Für diese Art der Hilfe, muss man die Lebensgeschichte, sowie die Erlebens- und Verhaltensweisen des Betroffenen sehr gut kennen. Dadurch wird es möglich, frühzeitig problematische Situationen einschätzen und Frühwarnzeichen erkennen zu können, und dem Menschen mit geistiger Behinderung gleichzeitig die nötige Unterstützung zukommen zu lassen, die er in diesen schweren Lebenssituationen braucht (vgl. THEUNISSEN 2006(a), S. 210).

3.3.4 Community Care

Ein Unterstützungssystem, welches sich in der Dezentralisierung von großen Einrichtungen der Behindertenhilfe als praktikabel und hilfreich erwiesen hat, ist das Konzept der Community Care. Darunter versteht man soziale Fürsorgeleistungen, die in der Gemeinde entwickelt werden und dort auch ihren Sitz haben. Diese Leistungen innerhalb der Gemeinde stehen im Gegensatz zu den Leistungen, die in Einrichtungen der Behindertenhilfe erbracht werden. Das Konzept der Community Care kann zwar durchaus auch in stationären Formen umgesetzt werden, es wird aber üblicherweise für unterstützte Wohnformen in der Gemeinde verwendet (vgl. MAAS 2006, S. 147).

Der Wortanteil 'Community', der mit Gemeinde, Gemeinschaft oder Gemeinwesen übersetzt werden kann, bedeutet, dass Menschen mit geistiger Behinderung innerhalb der Gemeinschaft in der sie leben, alle Chancen, Ressourcen und Möglichkeiten haben sollen, ihr Leben so zu gestalten, wie alle anderen auch, im Bezug auf Wohnen, Arbeit, Bildung, Kultur und Freizeit. Deshalb müssen sie auch in alle Planung, Gewährleistung und Überprüfung von sozialen Dienstleistungen für Menschen mit geistiger Behinderung einbezogen werden. Die Fürsorge für diese Menschen, die im Wortanteil

---

[2] Für weitere detaillierte und handlungsanleitende Informationen zum Thema Krisenintervention; siehe auch: THEUNISSEN, G.: Krisen und Verhaltensauffälligkeiten bei geistiger Behinderung und Autismus. 2003; WÜLLENWEBER, E./ THEUNISSEN, G. (Hrsg.): Handbuch Krisenintervention. 2001; WÜLLENWEBER, E./ THEUNISSEN, G. (Hrsg.): Handbuch Krisenintervention Band 2. 2004

'Care' zum Ausdruck gebracht wird, soll in diesem Sinne als Zusammenarbeit auf gleicher Ebene mit den Menschen mit geistiger Behinderung gemeinsam erbracht werden. Die Verantwortung für diese Fürsorge im Gemeinwesen muss nach dem Konzept der Community Care bei den kommunalen Diensten liegen. Die Menschen mit geistiger Behinderung gehören genauso zu unserer Gesellschaft wie Menschen ohne Behinderung und sollen daher als vollwertige Bürger an dieser Gesellschaft teilhaben. Die Gemeinden in denen sie leben sind daher auch für diese Menschen verantwortlich und müssen für sie die Fürsorge garantieren, so wie für ihre anderen Bürger auch. Behindertenhilfe muss damit eine Frage der Gemeinwesenentwicklung sein und darf nicht außen vor bleiben (vgl. MAAS 2007, S. 30).

In der Literatur finden sich vier Grundannahmen, die für die Arbeit nach den Ideen der Community Care grundlegend sind.

(1) Menschen mit geistiger Behinderung sind in erster Linie Bürger. Sie werden in ihre Gesellschaft hineingeboren, genau wie alle anderen Menschen ohne Behinderung auch.

(2) Die Ausgangspunkte für ein gleichberechtigtes Leben innerhalb der Gemeinden sind Selbstbestimmung und Kontrolle der Menschen mit geistiger Behinderung über das eigene Leben.

(3) Die Unterstützung, welche diese Menschen für ein normales Leben benötigen, müssen sie dort erhalten, wo sie gebraucht wird. Diese Unterstützung sollte außerdem auf die Stärkung der gesellschaftlichen Position der Menschen mit Behinderung gerichtet sein.

(4) Als grundlegende Bedingung für die neue Sichtweise des Menschen mit geistiger Behinderung als gleichberechtigter Bürger muss die Gesellschaft für diese Menschen uneingeschränkt zugänglich gemacht werden.

Dies bedarf sicher viel Vorbereitung und Veränderung. Dennoch ist es eine lohnenswerte Aufgabe, denn die Konsequenzen, die sich aus diesem Konzept für das Leben der Menschen mit geistiger Behinderung ergeben, sind für eine echte Inklusion von herausragender Bedeutung. Menschen mit Behinderungen müssen dann zum Beispiel keinen Bedingungen genügen, um in der Gesellschaft anerkannt zu werden. Sie haben als vollwertige Bürger dieselben Rechte und Pflichten, wie andere Bürger auch. Weiterhin können sie in eigenen Wohnungen in ihrem vertrauten Lebensumfeld wohnen und haben Zugang zum regulären Arbeitsmarkt, sowie zu regulären, Freizeit-, Bildungs- und Kulturangeboten (vgl. MAAS 2007, S. 31ff.).

Die Tatsache, dass Menschen mit geistiger Behinderung nach dem Konzept der Community Care die gleichen Rechte und Pflichten haben, wie alle anderen Bürger der Gesellschaft ist von besonderer Bedeutung. Sie schließt nämlich ein, dass Menschen mit Behinderung in der Gesellschaft nicht nur Hilfeempfänger, sondern auch Helfer sein können und sollen. Dies entspricht ebenfalls dem Bedürfnis der Betroffenen selbst. Sie sind, wie andere Menschen auch, nicht nur hilfe- sondern auch helfensbedürftig, sie wollen aktive Mitglieder der Gemeinde sein und wollen ihren Beitrag zum Gelingen des gemeinsamen Lebens in der Gemeinschaft leisten. Folglich muss es auch professionellen Helfern darum gehen, diesen Menschen eine Möglichkeit zu bieten, sich aktiv in die Gesellschaft einzubringen und in ihr einen Beitrag zu leisten, um somit auch ihren Stand in der Gesellschaft zu stärken (vgl. ebd., S. 33).

Für die bisherigen Mitarbeiter in Einrichtungen der Behindertenhilfe ergeben sich durch dieses Konzept auch für ihre Arbeit verschiedene neue Perspektiven. Zukünftig müssen sie sich als Akteure im Stadtteil verstehen, die zusammen mit Freiwilligen dazu beitragen wollen, das Leben im Stadtteil möglichst ansprechend auszugestalten. Dies bringt nebenbei auch Vorteile für die dort wohnenden Menschen ohne Behinderung, weil mehr Aktivität und Gestaltung im Stadtviertel für alle angenehm ist. Ebenso müssen die Einrichtungen und Träger selbst ihre Rolle neu definieren. Sie sollten sich zum Beispiel stärker in die Wohnviertelgestaltung oder Sanierung von Stadtteilen einbringen. Weiterhin können sie die Verbindung und Vernetzung zu verschiedenen anderen Dienstleistungsanbietern herstellen und pflegen, zum Beispiel zu Wohnungsbaugenossenschaften. Besonders wichtig für die wirkliche Inklusion in ein Gemeinwesen ist für Menschen mit geistiger Behinderung ein verlässliches soziales Netzwerk aus Freunden, Familie, Arbeitskollegen, Nachbarn, usw. Daher muss es auch zukünftige Aufgabe von Unterstützern sein, diese Netzwerke zu fördern, zu unterstützen und dabei zu helfen, sie aufzubauen. Wo einzelne Menschen mit geistiger Behinderung noch nicht über solche Netzwerke verfügen, sollten die Einrichtungen auch in der Lage sein, dieses Netzwerk für einen begrenzten Zeitraum zu ersetzen (vgl. MAAS 2006, S. 165).

3.3.5 Neues bürgerschaftliches Engagement

Für die zukünftige Unterstützung im gemeindenahen Wohnen für Menschen mit geistiger Behinderung reicht es nicht aus, wenn diese Unterstützungssysteme nur von professionellen Mitarbeitern der Behindertenhilfe abgedeckt werden. Wenn in Zukunft gemeindenahes Wohnen für alle Menschen, unabhängig von der Schwere ihrer Behinderung, angeboten werden soll, dann wird ein so hohes Maß an Unterstützung erforderlich sein, dass dafür nicht genügend Mitarbeiter der Behindertenhilfe finanziert werden können. Daher wird es nötig sein, andere Formen und Quellen von Unterstützung zu erschließen. Eine dieser neuen Quellen für Unterstützungsleistungen ist eine neue Art von Bürgerbewegung, die sich in den letzten Jahren herausgebildet hat (vgl. BACKHAUS-MAUL/EBERT/JAKOB/OLK (Hrsg.) 2003; ROSENZWEIG/EITH (Hrsg.) 2004). Diese Bürgerbewegung hebt sich durch ihr verstärktes freiwilliges soziales Engagement im Bereich der Behinderten- und Altenhilfe hervor. Dafür gibt es verschiedene Indikatoren. Seit 1980 steigen zum Beispiel die Zahlen von Menschen, die sich freiwillig engagieren konstant an und die Bereitschaft zu einem freiwilligen Engagement im sozialen Bereich hat sich fast verdoppelt. Untersuchungen haben ergeben, dass circa ein Drittel der Bevölkerung bereits in irgendeiner Form sozial engagiert ist und bei einem weiteren Drittel besteht kein Interesse an solchen freiwilligen Tätigkeiten. Das letzte Drittel gibt allerdings an, dass sie sich durchaus gern im sozialen Bereich engagieren würden, dass aber bisher noch keine Nachfrage an sie gestellt wurde, so dass sie bisher noch nicht tätig seien. Weiterhin nimmt seit 1980 auch die Spendenbereitschaft der Bürger zu, sowie die Zahl der Nachbarschaftsvereine, die sich über Spenden, Beiträge und Bereitstellung von Betreuungszeiten und Nachbarschaftshilfe in ihrem direkten Wohnumfeld einbringen. Ebenso steigt die Zahl der Selbsthilfegruppen kontinuierlich an (vgl. DÖRNER 2007(b), S. 56ff.).

In früheren Zeiten bestand das solidarische Helfen für sozial schwächere Mitglieder der Gemeinschaft fast ausschließlich in der Gabe von Zeit. In der Entwicklung zur Moderne gingen die Menschen dazu über, nicht mehr länger ihre Zeit zur Verfügung zu stellen, sondern die Hilfe für sozial Schwache wurde nun über Spenden und Steuern finanziert und von professionellen Helfern erbracht. Inzwischen besteht aber so viel Hilfebedarf durch immer größer werdende Personengruppen (wie zum Beispiel Menschen mit

Behinderungen und alte Menschen), dass die Bürger vermehrt wieder dazu übergehen, auch ihre Zeit für die Betreuung dieser Menschen zur Verfügung zu stellen. Dies tun sie vor allem, wenn Menschen in ihrer eigenen Familie betroffen sind oder wenn es sich um Menschen handelt, die in ihrer Nachbarschaft oder ihrem direkten Lebensumfeld wohnen (vgl. ebd., S. 67).

Die Menschen, die dieser neuen solidaritätsorientierte Bürgerbewegung angehören, sind nach DÖRNER (2007(b), S. 68) durch eine „innere und äußere Not" motiviert. Unter innerer Not versteht er ein Übermaß an freier Zeit, unter der heutzutage immer mehr Menschen leiden. Durch veränderte und verkürzte Arbeitszeiten, sowie durch Erleichterungen im täglichen Leben, dank des technischen Fortschritts, verfügt der Durchschnittsbürger heute über ein sehr großes Maß an freier Zeit, die er nach eigenen Wünschen gestalten kann. Diese freie Zeit kann man, so DÖRNER, allerdings nur bis zu einem bestimmten Maß tatsächlich genießen. Bei Bevölkerungsgruppen, die fast ausschließlich freie Zeit zur Verfügung haben, wie zum Beispiel Arbeitslose oder Rentner, ist dieses Optimum überschritten und die freie Zeit wird durch die Arbeitsunterlastung der Betroffenen zur sinnfreien Zeit, die nicht mehr als Freizeit genossen werden kann. Um diese Zeit wieder mit Sinn zu füllen, kann man sich sozial engagieren. Man kann einen Teil seiner freien Zeit für andere abgeben und damit dem eigenen Leben wieder neuen Sinn geben. Durch die Bedeutung für andere, die man damit erreicht, kann man dann auch wieder die freien Stunden genießen (vgl. DÖRNER 2007(b), S. 69).

Die Motivation der Menschen durch ihre äußere Not liegt hingegen darin begründet, dass immer mehr Haushalte sich nicht mehr allein aus ihrer Erwerbsarbeit finanzieren können, sondern nach zusätzlichen Einnahmequellen suchen. Der zunehmend wachsende Bereich des Helfens bietet sich dafür an, in welchem die Menschen nun nicht länger nur Zeit geben, sondern dafür auch immer häufiger Geld nehmen. Sie werden damit zu so genannten *hauptberuflichen Freiwilligen*. Der neue Bürgertyp des „sozialen Zuverdieners" (DÖRNER 2007(b), S. 59), der hier entsteht, wird durch ein sehr geringes Entgelt (circa 150 Euro im Monat) motiviert und sichert dadurch gleichzeitig ein verlässliches, dauerhaftes und planbares Engagement für die Betroffenen (vgl. ebd., S. 70).

Aus diesen Überlegungen heraus muss nun aber unweigerlich die Schlussfolgerung entstehen, dass Menschen mit Hilfebedarf nicht nur Unterstützung und mehr Selbstbestimmung in ihrem Leben brauchen, sondern dass auch sie, um ein erfülltes Leben führen zu können, ein Bedürfnis nach Bedeutung für Andere haben, und deshalb also nicht nur in der Rolle des Hilfeempfängers bleiben wollen, sondern auch Zeit und Unterstützung für andere geben möchten – dies vielleicht noch mehr als andere Menschen. Um selbstbestimmt leben und dies genießen zu können, braucht jeder Mensch auch ein gewisses Maß an Fremdbestimmtheit in seinem Leben, indem es durch andere Menschen und deren Bedürfnisse mitbestimmt wird. Daher ist nach DÖRNER auch der Begriff der Teilhabe in der Arbeit mit Menschen mit geistiger Behinderung sehr kritisch zu betrachten, denn erstens setzt er den Menschen mit Behinderung immer in eine niedrige Rolle, indem er zwar teilhaben, aber nicht mitwirken darf und zweitens genügt es den Menschen nicht nur zu haben und zu nehmen, sondern sie haben auch das Bedürfnis, selbst etwas zurück zu geben. DÖRNER (2007(b), S. 77) hält deshalb den Begriff der „Teilgabe" als besser für die Arbeit mit Menschen mit Hilfebedarf geeignet (vgl. ebd., S. 76ff.).

Für die zukünftige Organisation von Unterstützungsangeboten für Menschen mit geistiger Behinderung muss das also bedeuten, dass jegliches Helfen mit der Selbsthilfe des Einzelnen beginnen sollte. Erst wenn diese Selbsthilfe nicht ausreicht, kann Unterstützung durch die Angehörigen, Freunde, Nachbarn und die Bürger der Gemeinde hinzukommen. Und erst wenn auch diese Unterstützerquellen aufgebraucht sind und immer noch Unterstützungsbedarf besteht, kommen ergänzend die professionellen Mitarbeiter der Behindertenhilfe hinzu. Grundsätzlich sollte Helfen also immer ein Bürger-Profi-Mix sein. Diese Bürger-Profi-Hilfe muss nach DÖRNER (2007(b), S. 55) im „Dritten Sozialraum" erbracht werden. In diesen dritten Sektor, neben dem öffentlichen und dem privaten Sektor, fallen die Nachbarschaftshilfe, die Solidarität der Bürger untereinander, die Unterstützung im Stadtviertel und vieles mehr. Dadurch wird es möglich sein, genug Unterstützung zu mobilisieren, damit alle Menschen mit geistiger Behinderung in ihren Gemeinden leben können und noch wichtiger, die Unterstützung kommt dann aus dem Wohnumfeld der Betroffenen und wird auch dort angeboten und durchgeführt (vgl. ebd., S. 39ff.).

4. Die Bundesinitiative "Daheim statt Heim"

In diesem Teil der Arbeit werde ich die Bundesinitiative „Daheim statt Heim"
vorstellen. Diese Initiative ist im Dezember 2006 gegründet worden. Ihre Initiatoren
haben es sich zum Ziel gesetzt, Wohnheime komplett abzuschaffen und für alle
Menschen mit Behinderungen und für alte Menschen freie Wahlmöglichkeiten des
gemeindenahen Wohnens zu erreichen.

Zunächst werde ich einige allgemeine Informationen zur Bundesinitiative geben und die
Entwicklung ihrer Arbeit, sowie bisherige Erfolge aufzeigen. Weiterhin werde ich die
konkreten Ziele und Forderungen darstellen und auch einige der wichtigsten Personen
vorstellen, die aktiv in der Bundesinitiative „Daheim statt Heim" engagiert sind.
Anschließend werde ich kurz erläutern, welche weiteren Schritte für die zukünftige
Arbeit von „Daheim statt Heim" geplant sind.

4.1 Allgemeines zu „Daheim statt Heim"

Am 1. Dezember 2006 wurde die Bundesinitiative „Daheim statt Heim" von den
Initiatoren Silvia Schmidt (Behindertenbeauftragte der SPD), Karl Finke
(Behindertenbeauftrager des Landes Niedersachsen), Elke Bartz (Vorsitzende der
ForseA, e.V.), Ottmar Miles-Paul (Interessenvertretung Selbstbestimmt Leben in
Deutschland), Wolfram Scharenberg (Pressesprecher der Evangelischen Stiftung
Alsterdorf) und Roger Schmidtchen (Trägerwerk Soziale Dienste e.V.) ins Leben
gerufen und im Rahmen einer Pressekonferenz der Öffentlichkeit vorgestellt. Das
erklärte Ziel der Initiative ist, die Gesellschaft und die Politik mit der Situation von
Menschen mit Behinderungen und von Menschen mit Pflegebedarf zu konfrontieren.
Die Initiatoren rufen zur Unterstützung auf, um es Menschen mit Behinderungen und
alten Menschen zu ermöglichen, so lange wie möglich in ihrem gewohnten Umfeld, zu
Hause bei Angehörigen oder in einer eigenen Wohnung leben zu können. Das Leben in
Heimen (der Alten- oder Behindertenhilfe) wird von ihnen als Leben in Sonderwelten
beschrieben, welches dem Selbstbestimmungs- und Teilhabegedanken im SGB IX
entgegensteht und somit ausnahmslos durch „den flächendeckenden Aus- und Aufbau
individuell- bedarfsdeckender vernetzter Unterstützungsangebote für ältere und

behinderte Menschen" (www.bundesinitiative-daheim-statt-heim.de) ersetzt werden soll. Als weitere konkrete Forderungen der Bundesinitiative wird ein Baustop für neue Heime und der Abbau bestehender Heimplätze genannt, sowie die Realisierung eines persönlichen Budgets für alle Menschen mit Behinderung und/oder Pflegebedarf, um deren Wahlmöglichkeiten zu sichern. Als Zielstellung für die Praxis und die Politik der Alten- und Behindertenhilfe, besonders im Bereich der Gesetzgebung und Verwaltung wird die Gewährleistung des Grundsatzes „Daheim statt Heim" und vor allem auch die Beteiligung von Betroffenen an Reformprozessen gefordert. Der Aufruf der Bundesinitiative „Daheim statt Heim" wurde bereits am 30.11.2006 von mehreren wichtigen Personen aus allen Bereichen der Alten- und Behindertenhilfe unterzeichnet. Unter den Erstunterzeichnern waren sowohl Betroffene, als auch Vertreter aus der Praxis, der Politik und der Wissenschaft (vgl. www.kobinet-nachrichten.org/archiv, vom 01.12.2006).

4.2 Zur Entwicklung der Bundesinitiative „Daheim statt Heim"

Bereits einen Tag nach der Gründung der Bundesinitiative „Daheim statt Heim" präsentierten die Initiatoren die Internetseite www.bundesinitiative-daheim-statt-heim.de, auf der die verschiedensten Informationen rund um das Thema „Daheim statt Heim" zu finden sind. Unter anderem sind dort die Unterstützerliste der Bundesinitiative einzusehen, sowie ein Formular, um sich in diese einzutragen. Außerdem gibt es dort aktuelle Informationen, Termine, Vorträge und Berichte rund um die Themen, „Leben im Heim", „Persönliches Budget oder persönliche Assistenz", „Barrierefreies Wohnen", etc., sowie Literaturhinweise und Internetlinks. Besonders interessant werden für Betroffene wahrscheinlich die positiven Beispiele von Menschen mit Behinderungen sein, die erfolgreich in einer eigenen Wohnung leben oder aus einem Heim ausgezogen sind.

Da die Mitglieder der Bundesinitiative aus den verschiedensten Bereichen zusammen kommen und oft in keinem direkten Kontakt zueinander stehen, schien es unmöglich, ein regelmäßiges Treffen aller Erstunterzeichner zu organisieren. Aus diesem Grund wurde ein 'Strategieteam' gebildet, welches sich seitdem monatlich trifft, um Fortschritte auszuwerten, aktuelle Veranstaltungen und Aktionen zu planen und die weitere Vorgehensweise zu besprechen. Dieses Strategieteam besteht aus Ottmar Miles-Paul, Karl Finke, Professor Klaus Dörner, Roger Schmidtchen, Wolfram Scharenberg, Fritz Bremer, Elke Bartz und Silvia Schmidt. Die Erstunterzeichner werden zu allen Treffen eingeladen und können teilnehmen (vgl. Unterstützer Newsletter, 22. Februar 2007, S. 2).

Seit der Gründung der Bundesinitiative „Daheim statt Heim" bis heute sind nahezu täglich neue Einträge auf der Unterstützerliste zu verzeichnen. Nach zwei Wochen gab es bereits 125 Unterstützer, nach dreieinhalb Monaten waren 500 Unterstützer eingetragen und nach einem knappen halben Jahr wurde die Marke von 1000 Unterstützern aus allen gesellschaftlichen Bereichen überschritten. Unter den Unterstützern befinden sich sowohl betroffene Menschen mit Behinderungen, als auch Privatpersonen, Mitarbeit aus Einrichtungen der Behinderten- und Altenhilfe, Mitglieder des Bundestages, Vertreter aus Verbänden der Behindertenhilfe, Vertreter aus Wissenschaft und Forschung und sogar einige „berühmte" Schauspieler oder Moderatoren, wie zum Beispiel Dieter Hallervorden (eingetragen am 30.04.2007), Harald Effenberg (01.05.2007) und Nina Ruge (21.05.2007) (vgl. www.bundesinitiative-daheim-statt-heim.de/unterstuetzerliste.php).

Die Bundesinitiative hat in dem vergangenen Jahr verschiedenste Aktionen und Veranstaltungen durchgeführt, sowie auf allen Ebenen Gespräche geführt (zum Beispiel mit Politikern, Behindertenbeauftragten, Vertretern von Verbänden und mit Betroffenen und Angehörigen selbst), um ihre Ziele und Interessen an die Öffentlichkeit zu bringen und deren Verwirklichung mit jeder Aktion ein Stück näher zu kommen. Es ist an dieser Stelle ebenso unmöglich, wie unnötig jede einzelne dieser Aktionen aufzuzählen. Ich werde aber einige exemplarisch herausgreifen und vorstellen, um die Spannweite zu zeigen, mit der die Bundesinitiative sich auf den verschiedenen gesellschaftlichen und politischen Ebenen bewegt und aktiv ist.

Am 16. März 2007 zeigte die Behindertenbeauftragte der Bundesregierung Karin Evers-Meyer ihr Interesse an der Arbeit und den Zielen der Bundesinitiative „Daheim statt Heim" indem sie Elke Bartz, die zu den Erstunterzeichnerinnen zählt und selbst einen Rollstuhl benutzt, in ihrem Zuhause besuchte. Die Behindertenbeauftragte wollte sich dadurch einen Eindruck davon verschaffen, wie es für Menschen mit Behinderung möglich ist, in einem eigenen und barrierefreien Haus zu wohnen und alle nötige

Unterstützung selbstbestimmt durch die Beschäftigung von Assistenten zu organisieren (vgl. www.kobinet-nachrichten.org/archiv, vom 16.03.2007).

Am 21. März 2007 führten Vertreter von „Daheim statt Heim" ein Gespräch mit dem Bundesbauminister Wolfgang Tiefensee, in welchem sie deutlich machten, dass es gerade im Bereich der Städteplanung und im Wohnungsbau von entscheidender Wichtigkeit sei, dass die Barrierefreiheit in allen Lebensbereichen eine zentrale Rolle spiele. Herr Tiefensee stimmte den Zielen der Bundesinitiative zu, indem er erklärte, dass es absolut notwendig sei, die nötigen Rahmenbedingungen zu schaffen, damit alle Menschen möglichst lange in ihrem eigenen Zuhause leben könnten. Gleichzeitig machte er aber deutlich, dass es in den kommenden Jahren im Bereich Wohnungswesen für die Städte auch zu diversen anderen Herausforderungen kommen wird. Trotzdem werden aber Programme wie zum Beispiel für eine „Soziale Stadt" weiterhin vom Bund unterstützt werden (vgl. www.kobinet-nachrichten.org/archiv, vom 21.03.2007).

Nach Gesprächen zwischen Silvia Schmidt (Initiatorin von „Daheim statt Heim") und Vertretern des Sozialverbandes Deutschland (SoVD) am 04. April 2007 unterzeichneten Marianne Saarholz, Vizepräsidentin des SoVD-Bundesverbandes und Hans-Jürgen Leutloff, Leiter der Abteilung Sozialpolitik die Unterstützerliste der Bundesinitiative und damit den „Aufruf für ein Leben behinderter und älterer Menschen in der Gemeinde" (www.kobinet-nachrichten.org/archiv, vom 05.04.2007). Der SoVD mit seinen über 500.000 Mitgliedern war der erste große deutsche Sozialverband, der sich offiziell in die Unterstützerliste eintrug und das Ziel, „die häusliche Pflege zu stärken und behinderten Menschen ein selbstbestimmtes Leben zu ermöglichen" (ebd.) unterstützte. Ihm folgten bald weitere große Verbände, wie zum Beispiel der ForseA e.V. (Forum selbstbestimmter Assistenz behinderter Menschen) am 05. April 2007, der Humanistische Verband Deutschlands (HVD) am 16. April 2007 und der Arbeitgeber- und Berufsverband Privater Pflege e.V. am 26. Juni 2007. Die Interessenvertretung Selbstbestimmt Leben e.V. (ISL) ist schon seit dem 07. Dezember 2006 auf der Unterstützerliste eingetragen (vgl. www.bundesinitiative-daheim-statt-heim.de/unterstuetzerliste.php). Seit dem 06. Juni 2007 gibt es auch in Österreich eine Bundesinitiative „Daheim statt Heim". Die beiden Initiativen haben sich vernetzt und wollen dort zusammenarbeiten, wo es sinnvoll und hilfreich sein wird.

Seit Gründung der Bundesinitiative erhielt Frau Schmidt, als Initiatorin und Ansprechpartnerin für „Daheim statt Heim" immer wieder Briefe von besorgten oder verärgerten Eltern behinderter Kinder, die mit der Idee und den Forderungen der Initiative nicht einverstanden waren. Viele fühlten sich als schlechte Eltern angeklagt, die ihr Kind in ein Heim gegeben hatten, wo es kein freies und glückliches Leben führen könnte. Andere hatten die Befürchtung, dass durch die Bundesinitiative die Heimplätze ersatzlos abgeschafft würden und sie dann gezwungen wären, ihr behindertes Kind wieder bei sich zu Hause zu pflegen. Viele von ihnen waren froh gewesen, endlich ein Heim für ihr Kind gefunden zu haben, bei dem sie das Gefühl hatten, dort wäre es gut aufgehoben und würde gut versorgt. Viele Eltern waren auch von der Angst geplagt, ihre Kinder wären so schwer behindert, dass es für sie keine alternativen Wohnformen zum Heim geben könnte, in denen sie sicher leben könnten, weil ihr Unterstützungsbedarf einfach zu hoch sei. Als Reaktion auf die vielen besorgten und ärgerlichen Elternbriefe wurde auf der Internetseite der Bundesinitiative ein Antwortbrief veröffentlicht, welcher auch an die Eltern als Antwort verschickt wurde (vgl. SCHMIDT/KÖRNER/AHRENS 2007). In diesem Brief, der von Silvia Schmidt (Mitglied des deutschen Bundestages), Ingrid Körner (betroffene Mutter) und Simone Ahrens (betroffene Mutter) unterzeichnet wurde, wird den Eltern zunächst versichert, dass sie vollen Respekt und Verständnis für ihre schwierige Lebenssituation genießen und dass es eine große psychische Belastung für die Familie sei, für ein Kind mit Behinderung zu sorgen, wenn die nötigen Hilfen und Unterstützungsangebote fehlen (vgl. SCHMIDT/KÖRNER/AHRENS 2007, S. 1). Im Weiteren wird den Eltern versichert, dass ihnen kein Vorwurf gemacht würde, wenn sie ihr Kind mit Behinderung in einem Heim untergebracht hätten, dies sei in der gegebenen Situation vermutlich die beste Lösung gewesen. „Daheim statt Heim" wolle aber nun nicht für eine Schließung der Heime und somit für eine erneute Unterbringung der Kinder bei den Eltern aufrufen, sondern es wird erklärt, dass es das eigentliche Ziel sei, für Kinder mit Behinderungen bessere und neue Perspektiven und Möglichkeiten des Lebens zu schaffen, ohne damit gleichzeitig deren Familien zu belasten (vgl. ebd., S. 3). Daher müsse zeitgleich mit dem Heimabbau auch ein Neuaufbau von umfassenden Unterstützungs-, Assistenz- und Dienstleistungssystemen beginnen. Weiterhin müssen barrierefreie Wohnungen und Kleinstwohngruppen für Kinder und Jugendliche mit maximal 5 Betreuungsplätzen geschaffen werden. Dadurch soll es Eltern und ihren Kindern mit Behinderung ermöglicht werden, selbst zu entscheiden, wo und wie sie leben möchten und eine Isolierung der Kinder in 'Sonderwelten' jenseits der Gesellschaft solle gleichzeitig verhindert werden (vgl. ebd., S. 4). Zuletzt werden die Eltern gebeten, aktiv an der Verwirklichung dieser Ideen mitzuarbeiten, indem sie Stellung beziehen und eigene Erfahrungen aus dem Leben mit einem Kind mit Behinderung schildern könnten. Es wird noch einmal deutlich gemacht, dass die Kooperation der Bundesinitiative mit den Eltern ausgesprochen wichtig sei, um vorhandene Probleme und mögliche Lösungen aufzuzeigen, da die Eltern als Experten für die Bedürfnisse ihrer Kinder am besten wüssten, wo genau deren Unterstützungsbedarfe liegen (vgl. ebd., S. 7).

Im Verlauf der weiteren Entwicklungen der Arbeit von „Daheim statt Heim" machte es sich mehrfach bemerkbar, dass die Bundesinitiative einen Rahmen schaffen musste, in welchem es ihr möglich sein könnte, Projekte oder Aktionen finanziell zu unterstützen, die sich für gemeindenahe Wohnalternativen zu Heimen für alte Menschen und Menschen mit Behinderungen engagieren. Daher wurde am 11. Juni 2007 der „Förderverein der Bundesinitiative Daheim statt Heim e.V." gegründet mit dem formulierten Zweck, „das selbst bestimmte Leben von Menschen mit Behinderungen und Pflegebedarf, insbesondere auch älterer, in der Gemeinde, also in der eigenen Wohnung und dem gewohnten Umfeld, zu fördern." (Förderverein der Bundesinitiative Daheim statt Heim. Satzung des Vereins, S.1) Zum Vorstand des Vereins wurden Silvia Schmidt (als Vorsitzende), sowie Roger Schmidtchen und Uwe Schönfeld (als stellvertretende Vorsitzende) gewählt (vgl. www.kobinet-nachrichten.org/archiv, vom 14.06.2007).

Am 19. Juli 2007 gab Silvia Schmidt als Sprecherin für „Daheim statt Heim" dem Radiosender Ohrfunk ein 14-minütiges Interview, in welchem sie Fragen zu den Hintergründen, sowie zu Zielen und Aktivitäten von „Daheim statt Heim" beantwortete. Dabei betonte sie, dass die schlechten Lebensbedingungen, unter denen besonders alte Menschen, die in Heimen untergebracht sind, zu leiden haben, selten direkt mit den Mitarbeitern in diesen Einrichtungen zu tun haben, sondern dass die Mitarbeiter meist im Rahmen ihrer Möglichkeiten eine sehr gute Arbeit verrichten würden. Das größte Problem bei der Arbeit in solchen Einrichtungen sei, so Schmidt, die ständigen Bestrebungen, die Arbeit so kostengünstig und zeitsparend wie möglich zu gestalten.

Darunter müssen zwangsläufig die Qualität der Arbeit, sowie die Möglichkeiten zur Individualität und Flexibilität des Lebens in Heimen leiden. Die Schwerpunkte in der Arbeit der Bundesinitiative „Daheim statt Heim" setzte Silvia Schmidt in ihrem Interview in der Information und Beratung über Formen des ambulanten Wohnens und der ambulanten Dienstleistungen auf allen Ebenen, sei es für Betroffene und Angehörige oder auf politischer Ebene. Außerdem benennt sie als ein großes Ziel der Initiative die schrittweise Umsetzung und Verwirklichung der UN-Konvention für die Rechte von Menschen mit Behinderungen (vgl. www.ohrfunk-kompakt.podspot.de/post/interview-mit-silvia-schmitt-daheim-statt-heim).

Auch einige kurze Fernsehauftritte hat „Daheim statt Heim" schon zu verzeichnen. So zum Beispiel einen Beitrag des ZDF-Magazins „Menschen", in welchem am 06. Oktober 2007 unter anderem über die Bundesinitiative berichtet wurde. Weiterhin wurde von der Reha Care berichtet, die vom 03. bis 06. Oktober in Düsseldorf stattfand und auf welcher auch die Bundesinitiative gemeinsam mit Mobil mit Behinderung e.V. (mmb e.V.) einen Informationsstand hatte und wo Vertreter von „Daheim statt Heim" aktiv an den Podiumsdiskussionen beteiligt gewesen waren. Zudem gab Ottmar Miles-Paul als Sprecher für die Bundesinitiative dem ZDF ein Interview (vgl. www.kobinet-nachrichten.org/archiv, vom 06.10.2007).

4.3 Forderungen und Ziele – geplante Umsetzung

Die Bundesinitiative „Daheim statt Heim" hat sich zu Beginn ihrer Arbeit als Ziel gesetzt, dass es Menschen mit Behinderungen und alten Menschen ermöglicht werden soll, genau wie andere Menschen auch so lange wie möglich in ihrer eigenen Wohnung und ihrem gewohnten Umfeld zu leben und dass sie dafür alle nötige Unterstützung bekommen müssen. Um dieses Ziel zu erreichen, hat die Bundesinitiative auf ihrer Internetseite und auch in ihren Flyern 6 zentrale Forderungen formuliert:

- „einen Baustopp für neue Heime,
- den Abbau bestehender Heimplätze,
- den flächendeckenden Aus- und Aufbau individuell-[!] bedarfsdeckender vernetzter Unterstützungsangebote für ältere und behinderte Menschen,

- die Garantie der Wahlmöglichkeiten der Betroffenen, u.a. durch persönliche Budgets,

- die Gewährleistung des Grundsatzes "Daheim statt Heim" in allen gesetzes- und verwaltungstechnischen Regelungen auf allen Ebenen und in der Praxis,

- die Beteiligung der Betroffenen an dem Reformprozess nach der Devise "Nichts über uns ohne uns"." (www.bundesinitiative-daheim-statt-heim.de)

Diese Forderungen klingen in den Ohren von Einrichtungsträgern und Verbänden oft sehr plakativ und provokant formuliert. Um ihre Forderungen mit Inhalt zu füllen und mit konkreten Ideen zur Umsetzung und zur Verwirklichung zu bereichern, hat die Bundesinitiative auf ihrer Internetseite ebenfalls ein Thesenpapier veröffentlicht, in welchem sowohl grundlegende Begriffe geklärt werden, als auch gegen eine total Marktsteuerung und für differenzierte Hilfen argumentiert wird.

4.3.1 Thesenpapier der Bundesinitiative „Daheim statt Heim"

Das Thesenpapier der Bundesinitiative „Daheim statt Heim" stützt sich auf den Disability-Action-Plan (DAP) der Kommission der Europäischen Gemeinschaften aus dem Jahr 2005 und auf die UN-Konvention über die Rechte von Menschen mit Behinderungen. Dort werden Selbstbestimmung, Teilnahme und Eigenständigkeit von Menschen mit Behinderungen auf allen Ebenen zum Ziel erklärt, sowie deren Möglichkeit, in der Familie oder im Gemeinwesen zu leben, statt in ein Heim ziehen zu müssen. Hierzu wird zum einen die Deinstitutionalisierung gewünscht und damit direkt verbunden auch der Aufbau von gemeindenaher Gesundheitsversorgung und von angemessenen Assistenz- und Unterstützungsleistungen. Dass diese Forderungen realistisch und umsetzbar sind, wird anhand gelungener Beispiele von Deinstitutionalisierung und Ambulantisierung aus dem internationalen Raum begründet. So wird zum Beispiel auf Schweden verwiesen, wo es bereits keine Heime mehr gibt, sowie auf Neuseeland, Kanada und die USA, die ähnliche Entwicklungen vorweisen können (vgl. Thesenpapier zur Bundesinitiative „Daheim statt Heim", S. 1). Weiterhin wird erklärt, dass es auch in Deutschland höchste Zeit sei, dass die notwendigen Hilfen für Menschen mit Behinderungen und für alte Menschen dort geleistet werden, wo diese Menschen ihr gewohntes Lebensumfeld haben. Gesetzlich sei dies schon gut vorbereitet wurden, indem zum Beispiel der Fürsorgegedanken im SGB IX durch den Teilhabegedanken ersetzt worden ist. Mit der praktischen Umsetzung sei man aber bislang noch nicht sehr weit fortgeschritten. Dazu wäre eine Kooperation der verschiedenen beteiligten Parteien notwendig, nämlich zwischen Betroffenen, Kosten- und Leistungsträgern, Politik und Verwaltung. Diese Kooperation will die Bundesinitiative „Daheim statt Heim" mit ihrer Arbeit und durch ihre Forderungen erreichen. Von zentraler Bedeutung für die Umsetzung des Teilhabegedankens sind *„alternative, umfassende und bedarfsgerechte ambulante Unterstützungsangebote"* (ebd., S. 2), um die Notwendigkeit von neuen Heimunterbringungen abzuschaffen. Die Sicherheit, die dem Leben im Heim oft nachgesagt wird, kann genauso gut durch eine ambulante Unterstützung und Pflege in der Gemeinde gewährleistet werden (vgl. ebd.).

4.3.2 Inklusion und Integration durch Heimabbau und Ambulantisierung

Auf lange Sicht gesehen soll die Gegenüberstellung von ambulanten und stationären Dienstleistungen abgebaut werden um zu verhindern, dass der Begriff der Ambulantisierung dazu missbraucht wird, Kosten für Pflege und Betreuung zu sparen. Ambulante Wohnformen sollen gefördert werden, weil sie den Menschen die Möglichkeit geben, ihr Leben in eigener Regie zu führen. Dies muss für alle Menschen mit Behinderungen gelten, also auch für diejenigen, bei denen eine traditionelle Heimunterbringung kostengünstiger wäre. Durch persönliche Budgets für alle Menschen mit Behinderungen, unabhängig von der Höhe ihres Unterstützungsbedarfs, verspricht sich die Bundesinitiative die Möglichkeit, allen Menschen die Art von ambulanter Unterstützung zu bieten, die sie sich wünschen (vgl. Thesenpapier zur Bundesinitiative „Daheim statt Heim", S. 3).
Eine weitere im Thesenpapier festgehaltene Forderung ist, dass Isolation und Aussonderung von Menschen mit Behinderung von vornherein verhindert werden müssen. Dies kann durch *„Inklusion und Integration behinderter Menschen [...]* gleich von Anfang an, also im Kindergarten und in der Schule" (ebd.) realisiert werden und

muss durch ein gleichberechtigtes Zusammenleben, -lernen und –arbeiten von Menschen mit und ohne Behinderungen fortgeführt werden (vgl. ebd.).

Für alte Menschen und Menschen mit Behinderungen, die in Wohngruppen oder Wohngemeinschaften zusammenleben wollen, muss es bestimmte Bedingungen geben, um neuerliche Institutionalisierung zu verhindern. Die Gruppen sollten möglichst nicht aus mehr als fünf Personen bestehen. Ein familienähnlicher Charakter der Wohngemeinschaften, sowie überschaubare Angebotsstrukturen sind wichtige Voraussetzungen. Hierzu wird es nötig sein, die *„gesetzlichen und verwaltungstechnischen Rahmenbedingungen* auf europäischer, bundes-, landes- und kommunaler Ebene" (Thesenpapier zur Bundesinitiative „Daheim statt Heim", S. 4) umzugestalten. An den dazugehörigen Reformprozessen müssen die Betroffenen als Experten in eigener Sache umfassend und aktiv beteiligt werden (vgl. ebd.).

„Daheim statt Heim" will einen totalen Baustopp für neue Heime erreichen. Diese Forderung ist deshalb so wichtig, weil mit dem Bau eines neuen Heimes für viele Jahre neue Heimplätze und institutionelle Strukturen geschaffen werden, in denen Menschen mit Behinderungen und alte Menschen nicht integriert in ihrer Gemeinde leben können, sondern oftmals am Rande der Gesellschaft isoliert und ausgegrenzt werden. Statt neue Heime zu bauen, sollen Fördergelder in den Ausbau von ambulanten Strukturen investiert werden, um dadurch einen schrittweisen Abbau bestehender Heimplätze zu erreichen. Dies muss in Zusammenarbeit und Kooperation mit den Beschäftigten in Einrichtungen geschehen, so dass diese dazu qualifiziert werden können, auch in neuen Unterstützungsangeboten beschäftigt zu werden (vgl. ebd.).

Im Thesenpapier der Bundesinitiative wird ausdrücklich erklärt, wie die Forderung nach Deinstitutionalisierung und Heimabbau gelesen werden soll. Es geht den Initiatoren weder um die Verurteilung aller stationären Einrichtungen, noch um die Idealisierung von ambulanten Wohnformen. Stattdessen sollen „Individuelle und bedarfsorientierte Unterstützungsleistungen für behinderte und ältere Menschen" (Thesenpapier zur Bundesinitiative „Daheim statt Heim", S. 5) geschaffen werden, die unabhängig von den Begriffen ambulant und stationär existieren können. Großeinrichtungen, „die aufgrund Ihrer Konzeption und Ihres Aufbaus nicht gemeindenah arbeiten und die Selbstbestimmung behinderter und älterer Menschen aus diesen Gründen nicht fördern" (ebd.) sollen systematisch abgebaut werden. Beispiel für die neuen Wohnformen sollen schon bestehende kleine Wohngruppen für Menschen mit Behinderungen oder psychisch erkrankte Menschen sein. Im Sinne von Inklusion sollen auch Nachbarschafts- und Bürgerhilfen, sowie Patenschaften in Zukunft wesentlich mehr Bedeutung zugemessen werden. Sie sind wichtige Schutzfaktoren und leisten wertvolle Netzwerkarbeit für Menschen mit Behinderungen und auch für ältere Menschen (vgl. ebd.).

4.3.3 Marktsteuerung vs. bedarfsgerechte Unterstützung

Eine gewisse Marktorientierung und Marktsteuerung in der Bereitstellung von Unterstützungssystemen ist vom Gesetzgeber gewollt und auch legitim. Sie muss allerdings dahingehend begrenzt werden, dass ein Hilfesystem, welches nur nach Kostenaspekten arbeitet, zwingend Menschen mit schweren geistigen und mehrfachen Behinderungen benachteiligt. Es wird aber betont, dass es gerade für diesen Personenkreis wichtig ist, zum einen Einkäufer von Assistenzleistungen und so im marktwirtschaftlichen Sinne Kunde zu sein, der zum anderen auch die Anerkennung und Solidarität durch Mitbürger nötig hat (vgl. Thesenpapier zur Bundesinitiative „Daheim statt Heim", S. 6).

Weiterhin könnten für Menschen mit Behinderungen durch eine konsequente Umsetzung des Wunsch- und Wahlrechts die nötigen Bedingungen geschaffen werden, damit sie sich in der Betreuung und Unterstützung durch einen Assistenten, den sie mit ihrem eigenen Budget eingestellt haben, weniger als Kunde, denn als Arbeit- und Auftraggeber sehen würden. Die Folge hieraus wäre ein ermutigendes Gefühl der Souveränität und der Selbstbestimmtheit über die eigenen Lebensumstände. Bei dieser Umsetzung muss allerdings besonders auf die extreme Heterogenität der Gruppe der Menschen mit Behinderungen und auf die daraus resultierenden sehr unterschiedlichen Unterstützungsbedarfe geachtet werden. Die Vertreter der verschiedenen Selbsthilfe- und Angehörigenorganisationen sollten in einen Umbau der Unterstützungssysteme in jedem Fall mit eingebunden werden. Dadurch soll sichergestellt werden, dass auch für Menschen mit schwerer und/oder mehrfacher Behinderung wenn nötig eine 24-stündige Pflege und Betreuung auch in ambulanten Wohnformen ermöglicht werden kann, damit diese Menschen nicht von vorneherein von Prozessen der Deinstitutionalisierung und

Ambulantisierung ausgeschlossen werden und als 'Restgruppe' weiterhin in Heimen leben müssen (vgl. ebd., S. 7).

Die Bundesinitiative betont in ihrem Thesenpapier, dass eine solche Veränderung ein langfristiger Prozess ist, der vermutlich viele Jahre für seine schrittweise Umsetzung in Anspruch nehmen wird. Dabei verweist sie auf die Entwicklungen in Schweden, wo seit circa 30 Jahren an den neuen Unterstützungssystemen gearbeitet wird. Auch wird es nötig sein, die Hilfen aus den verschiedenen Sozialgesetzbüchern zu vereinfachen und zusammenzuführen, damit Menschen mit Behinderungen und alte Menschen diese Hilfen problemlos und unbürokratisch beantragen und nutzen können. Es müssen mehr Servicestellen und Kompetenzzentren eingerichtet werden, die für alle Menschen gut erreichbar sein müssen und die sowohl für Betroffene, als auch für Träger von Einrichtungen wertvolle Informationen und Hilfen zu Themen wie persönliches Budget, Ambulantisierung, persönliche Assistenz, usw. bereithalten müssen (vgl. ebd., S. 8).

Zeitgleich mit einer Ausdifferenzierung der Wohn- und Unterstützungsmöglichkeiten für Menschen mit Behinderungen muss auch eine Erweiterung der Möglichkeiten zur Integration ins Arbeitsleben erfolgen, so die Bundesinitiative. Dazu sollen vorhandene WfbM-Konzepte weiterentwickelt werden und niedrigschwellige Arbeitsmöglichkeiten, sowie die Entwicklung von „Integrationsbetrieben" (ebd.) müssen gestärkt werden. Das Ziel dieser Bemühungen soll eine Verringerung des Zulaufs in WfbMs und gleichzeitig eine höhere Chance auf Teilhabe am ersten Arbeitsmarkt für Menschen mit Behinderungen sein (vgl. ebd., S. 9).

4.4 Mitglieder der Bundesinitiative

Die Bundesinitiative „Daheim statt Heim" besteht aus einer Vielzahl von Personen aus den verschiedensten Bereichen der Arbeit mit Menschen mit Behinderungen und mit alten Menschen. Ein großer Teil dieser Personen kommt aus dem Bereich der Politik, andere aus der praktischen Arbeit in Pflege-, Assistenz- und Unterstützungseinrichtungen, aus den verschiedenen Selbsthilfe- und Interessenvertretungsgruppen, sowie aus dem Bereich der Wissenschaft und noch aus vielen weiteren Bereichen. Um ein detailliertes Bild der Bundesinitiative zu geben, werde ich im Folgenden einige führende Personen vorstellen. Die Auswahl dieser

Personen erfolgte anhand der verschiedenen Arbeitsbereiche, aus denen diese Personen kommen. Weiterhin wurden diese Personen von mir um ein Interview zur Bundesinitiative „Daheim statt Heim" gebeten, welches im nächsten Kapitel dieser Arbeit ausgewertet werden wird.

4.4.1 Silvia Schmidt

Frau Silvia Schmidt ist die erste Initiatorin und Vorkämpferin der Bundesinitiative „Daheim statt Heim" aus dem Bereich der Politik. Sie ist Mitglied der SPD und innerhalb ihrer Partei in diversen Ausschüssen und Arbeitsgruppen engagiert. Weiterhin ist sie die Behindertenbeauftragte der SPD-Bundestagsfraktion. Als Diplomsozialarbeiterin und ehemalige Heimleiterin hat sie viel praktische Erfahrung in der Arbeit mit Menschen mit Behinderung. Aufgrund dieser Erfahrung ist es ihr formuliertes Ziel, die Lebenssituationen dieser Menschen zu verbessern, was sie vor allem durch die schrittweise Ambulantisierung aller Heime für Menschen mit Behinderungen und alten Menschen erreichen will. Nach eigener Aussage ist es ihr am wichtigsten, dass jeder Mensch im Rahmen seiner Möglichkeiten selbst entscheiden können soll, wer ihn versorgt und wo er wohnen und arbeiten will (vgl. www.kobinet-nachrichten.org/archiv, vom 15.12.2006).

Nach Meinung von Frau Schmidt sind die Voraussetzungen für die Umsetzung ihrer Ziele bereits im SGB IX festgeschrieben, allerdings bedürfen die dort gegebenen Instrumente, wie zum Beispiel das persönliche Budget, das Wunsch- und Wahlrecht sowie der Teilhabegedanke noch der konsequenten Umsetzung, damit die Menschen, die von diesem Gesetz betroffen sind, auch wirklich davon profitieren können. Dieser Wandel in der Arbeit mit Menschen mit Behinderungen und alten Menschen müsse auf jeden Fall in Zusammenarbeit mit den betroffenen Menschen und den Mitarbeitern in den Einrichtungen vollzogen werden. Die Chance dazu sieht Frau Schmidt in der von ihr gegründeten Bundesinitiative, mit der sie hofft, die verschiedenen Interessengruppen zusammenführen zu können (vgl. www.kobinet-nachrichten.org/archiv, vom 1.12.2006).

4.4.2 Elke Bartz

Frau Elke Bartz unterstützt die Initiative sowohl in ihrer Rolle als Betroffene selbst, als auch als Vorsitzende des Forums selbstbestimmter Assistenz behinderter Menschen (ForseA e.V.). Frau Bartz ist infolge eines Autounfalls querschnittsgelähmt und daher auf die Nutzung eines Rollstuhls angewiesen. Sie lebte 5 Jahre in einem Heim für Menschen mit Behinderungen und hat dort die Erfahrung gemacht, dass es Menschen, die in einem Heim leben müssen kaum möglich ist, eigene Entscheidungen zu treffen und ihr Leben nach eigenen Wünschen und Ideen zu gestalten. Inzwischen wohnt sie völlig selbstbestimmt zusammen mit ihrem Mann in einem eigenen Haus und organisiert sich alle Hilfe, die sie benötig selbst in Form von Assistentinnen (vgl. www.bundesinitiative-daheim-statt-heim.de/files/Pers_elkeBartz.pdf).

Nach Meinung von Frau Bartz sind es die Barrieren, die in unserer Umwelt und in der Gesellschaft zu finden sind, die Menschen mit Behinderungen davon abhalten, ein normales und selbstbestimmtes Leben zu führen. Sie hofft, dass die Arbeit der Bundesinitiative dazu beitragen wird, diese gesellschaftlichen Grenzen zu überwinden und endgültig zu beseitigen. Dabei sind die Entwicklungen in Schweden in den vergangenen Jahren das beste Beispiel, wie sich die Behindertenarbeit verändern kann und sollte (vgl. www.kobinet-nachrichten.org/archiv, vom 1.12.2006). Ihrer Ansicht nach muss es ein wichtiger Aspekt innerhalb der Arbeit der Bundesinitiative sein, positive Beispiele auch in Deutschland zu sammeln und der Öffentlichkeit zu präsentieren, um damit deutlich zu machen, dass es durchaus möglich ist, aus Heimen auszuziehen und alternative Wohnformen zu finden und dass es bereits einige Menschen gibt, die diese Möglichkeiten für sich gesehen und realisiert haben. Außerdem muss denjenigen durch Netzwerk- und Unterstützungsarbeit geholfen werden, die bereits daran arbeiten, ambulante und menschenwürdige Wohnformen zu schaffen. Als ein Ziel sieht sie ein einheitliches Leistungsgesetz und eine einheitliche Zuständigkeit für die Kostenübernahme sowohl für ambulante, als auch für stationäre Wohnangebote, um somit die Streitigkeiten über Zuständigkeiten zu Lasten der Leistungsberechtigten zu beheben (vgl. www.kobinet-nachrichten.org/archiv, vom 22.01.2007; 02.03.2007). Auf keinen Fall dürfe es weitere Investitionen in „das System Heim" (www.kobinet-nachrichten.org/archiv, vom 27.05.2007) geben, da, so Elke

Bartz, dieses System diverse Pflegefehler, Entrechtungen der dort Lebenden und das Ausbrennen des überforderten Personals befördern würde. Stattdessen sei es höchste Zeit, die vorhandenen Alternativen zur Heimunterbringung flächendeckend auszubauen und entsprechend zu unterstützen (vgl. ebd.).

4.4.3   Ottmar Miles-Paul

Herr Ottmar Miles-Paul ist ebenfalls in verschiedenen Rollen in der Bundesinitiative „Daheim statt Heim" engagiert. Er ist zum einen Redakteur der Kobinet-Nachrichten, die sich speziell auf solche Nachrichten spezialisiert haben, die sich um die Belange von Menschen mit Behinderungen und von alten Menschen drehen und zum anderen ist er auch   der   Pressesprecher   des   Behindertenverbandes   „Interessenvertretung Selbstbestimmt Leben in Deutschland" (ISL). Die ISL ist eine Dachorganisation von über 25 Zentren für selbstbestimmtes Leben behinderter Menschen, die eine Vielzahl von Unterstützungen für Menschen mit Behinderungen anbieten, welche vor Ort ebenfalls von Menschen mit Behinderung geleistet werden. Der Verband befasst sich mit den wichtigsten aktuellen Themen in der Behindertenarbeit und -politik, wie zum Beispiel mit dem Engagement für Gleichstellungsgesetze und deren Umsetzung, mit Peer Counseling (Beratung von Behinderten durch Behinderte), mit persönlichen Budgets für behinderte Menschen, der konsequenten Beteiligung behinderter Menschen an Entscheidungsprozessen und mit dem Kampf für eine umfassende Barrierefreiheit (vgl. www.bundesinitiative-daheim-statt-heim.de/files/Pers_OMiles-Paul.pdf).

Außerdem ist Herr Miles-Paul auch selbst Betroffener, denn er ist von Geburt an sehbehindert. Daher hat er auch viele einschlägige Erfahrungen mit Ausgrenzung und Benachteiligung aufgrund seiner Behinderung gemacht. Dies ist einer der Gründe, warum er in der Bundesinitiative „Daheim statt Heim" aktiv mitarbeitet. Sein Ziel ist es, dass alte Menschen und Menschen mit Behinderungen „gleichberechtigt und mitten in der Gesellschaft – also Daheim statt Heim – leben können." (ebd.) Kein Mensch sollte gezwungen sein, in ein Heim zu ziehen, nur weil es dort wo er seine Wohnungen hat und wo sein Lebensraum ist keine ausreichende Unterstützung für ihn gibt (vgl. ebd.).

Nach Ansicht von Herr Miles-Paul gehen die Tendenzen in der Politik und bei den Kostenträgern aber immer noch in die falsche Richtung, indem zum Beispiel über 90

Prozent der Mittel der Eingliederungshilfe in Sondereinrichtungen fließen und die Menschen, die diese Leistungen brauchen somit gezwungen werden, diese Sondereinrichtungen in Anspruch zu nehmen (vgl. www.kobinet-nachrichten.org/archiv, vom 12.06.2007). Solche Sondereinrichtungen bezeichnet Herr Miles-Paul als Parallelwelten, in denen Menschen mit Behinderungen und alte Menschen gegen ihren Willen systematisch an den Rand unserer Gesellschaft gedrängt, ausgesondert und isoliert werden (vgl. ebd., 24.05.2007).

Die einzige Lösung für dieses Problem kann nur der gezielte Abbau von Heimen und gleichzeitig der Auf- und Ausbau einer Vielfalt von ambulanten Unterstützungsangeboten in jedem Stadtteil sein, so dass Menschen mit hohem Unterstützungsbedarf in Zukunft angemessene und ausreichende Hilfe und Unterstützung genau dort finden und in Anspruch nehmen können, wo sie leben und wo ihr zu Hause ist, so Ottmar Miles-Paul (vgl. www.kobinet-nachrichten.org/archiv, vom 24.05.2007).

Für Herrn Miles-Paul besteht die besondere Qualität der Bundesinitiative „Daheim statt Heim" in der Zusammenarbeit von Vertretern aus Politik, Wissenschaft, Behindertenverbänden und Anbietern von Dienstleistungen für Menschen mit Behinderungen. Damit ist es möglich, die Interessen von „Daheim statt Heim" in alle relevanten gesellschaftlichen und politischen Ebenen einzubringen, was bedeutet, dass die Forderungen von Betroffenen nach einem Leben außerhalb von Institutionen in einem eigenen Zuhause nicht länger ignoriert werden können. Für besonders wichtig hält er den engen Kontakt zu Politikern, die direkt oder indirekt mit den Belangen von Menschen mit Behinderungen und von alten Menschen befasst sind. "Gerade das Treffen mit dem Minister für Verkehr, Bau und Stadtentwicklung ist enorm wichtig, um deutlich zu machen, wie wichtig eine barrierefreie Infrastruktur für behinderte und ältere Menschen ist, …" (www.kobinet-nachrichten.org/archiv, vom 19.03.2007).

4.4.4 Karl Finke

Auch Karl Finke gehört zu den Erstunterzeichnern und zum so genannten „Strategieteam" der Bundesinitiative „Daheim statt Heim". Er ist Bundessprecher des Netzwerks "Selbst Aktiv", welches die Angleichung von Lebenschancen für behinderte und nicht behinderte Menschen zum Ziel hat. Besonders in den Bereichen Öffentliche Infrastruktur, Bildung und Wohnen soll das Mitsprache- und Mitentscheidungsrecht für Menschen mit Behinderungen selbstverständlich werden (vgl. www.bundesinitiative-daheim-statt-heim.de/files/Pers_Finke.pdf). Außerdem ist Herr Finke der Landesbehindertenbeauftragte des Landes Niedersachsen. Zu seinen Arbeitsschwerpunkten gehören die „Integration behinderter Kinder in Schulen und Kindergarten, die Arbeit für und mit behinderten Frauen sowie Bemühungen zur Eingliederung von Behinderten auf dem ersten Arbeitsmarkt" (www.behindertenbeauftragter-niedersachsen.de). Er ist selbst blind und kann die Bundesinitiative ebenfalls aus der Betroffenenperspektive unterstützen.

Karl Finke plädiert nicht nur für den Abbau von Heimplätzen und das Verbot für weitere Heimneubauten, sondern es ist ihm ebenso wichtig, dass die Lebensumstände in bestehenden Heimen besser und regelmäßiger kontrolliert und begleitet werden. Da aktuell noch viele Menschen übergangsweise oder dauerhaft in Heimen leben, ist es nötig, dass sich sowohl Angehörige und Heimbeiräte, als auch staatliche Behörden in die Arbeit in den Heimen einmischen und aktiv werden. Weiter spricht er sich für unangemeldete Kontrollen durch den Medizinischen Dienst und die Heimaufsicht aus, sowie für stärkere Konsequenzen bei Feststellung von Missständen, bis hin zu Schließung von Heimen (vgl. www.kobinet-nachrichten.org/archiv, vom 28.09.2007).

Für seine Arbeit in der Bundesinitiative „Daheim statt Heim" ist es Herr Finke ausgesprochen wichtig, dass Menschen mit Behinderungen und alte Menschen die Möglichkeiten haben, ihr Leben so zu gestalten, wie sie es gern möchten und dass sie dabei die für sie notwendige Unterstützung bekommen. Bei den Bemühungen um diese Gestaltungsmöglichkeiten müsse man seiner Meinung nach zuerst die Menschen mit schwerer Behinderung und schwerer Pflegebedürftigkeit berücksichtigen. Wenn man für diesen Personenkreis ein selbstbestimmtes Leben in allen Bereichen möglich machen kann, dann kann man es für die Menschen mit weniger schwerer Behinderung genauso. Nur in dieser Reihenfolge sei es möglich, dass alle Menschen mit Unterstützungsbedarf die gleichen Möglichkeiten zur Lebensverwirklichung bekommen und dass die „schweren Fälle" (www.kobinet-nachrichten.org/archiv, vom 01.12.2006) nicht weiterhin in Heime abgeschoben werden (vgl. ebd.).

4.4.5 Wolfram Scharenberg

Ein Vertreter aus der praktischen Arbeit für und mit Menschen mit Behinderungen ist Wolfram Scharenberg. Er ist der Pressesprecher der Evangelischen Stiftung Alsterdorf und gleichzeitig Bereichsleiter für den Bereich Kommunikation des Unternehmensverbunds. Die Alsterdorfer Stiftungen sind ein Verbund moderner sozialer Dienstleistungsunternehmen, welche vielfältige Assistenzdienste, Medizin-Pflege- und Gesundheitsleistungen, sowie Bildung, Ausbildung und Beratung anbietet. Dabei bilden die Assistenzdienste für Menschen mit Behinderungen das größte Arbeitsfeld innerhalb der Stiftung. Das Ziel der Evangelischen Stiftung Alterdorf ist es, durch Assistenzdienstleistungen zur Unterstützung in allen Lebensbereichen auch Menschen mit hohem Unterstützungsbedarf die Teilhabe am gesellschaftlichen Leben in ihrem eigenen Umfeld zu ermöglichen (vgl. www.bundesinitiative-daheim-statt-heim.de/files/presse/pm061201/SD_Alsterdorf.pdf).

Diese Zielstellung vertritt auch Herr Scharenberg. Nach seiner Ansicht gibt es für die großen Anbieter von Dienstleistungen für Menschen mit Behinderungen und für alte Menschen keine Zukunft im stationären Bereich. Stattdessen müssen sie die Dienstleistungen direkt zu den Menschen bringen, die sie benötigen und sich damit ganz nach den Wünschen und Bedürfnissen der Menschen mit Unterstützungsbedarf richten. Außerdem ist es entscheidend, dass der Umfang der Dienstleistungen nur am speziellen Bedarf eines jeden einzelnen Menschen gemessen wird. Jeder soll so viel Unterstützung bekommen, wie er benötigt und er soll sie dort in Anspruch nehmen können, wo er das möchte (vgl. www.kobinet-nachrichten.org/archiv, vom 01.12.2006).

In einem TV-Interview zum Thema Ambulantisierung äußerte Wolfram Scharenberg, den Wunsch, dass die Heimunterbringung irgendwann völlig durch die ambulante Betreuung ersetzt werden soll, denn jeder Mensch möchte gern in seiner eigenen Wohnung leben, unabhängig davon, ob er eine Behinderung hat oder nicht. Das entscheidende Merkmal dabei ist seiner Meinung nach die Selbstbestimmtheit. Dass heißt, dass jeder für sich selbst bestimmen können soll, wo und wie er leben möchte, ohne dass sich Kostenträger oder professionelle Helfer in die Überlegungen mit einmischen. Daher sei es auch ein Ziel der Bundesinitiative, so genannte „Entscheider" (TV-Interview Herr Scharenberg (Stiftung Alsterdorf Hamburg) zur Ambulantisierung) zur Mitarbeit in der Bundesinitiative zu motivieren, um mit deren Unterstützung nicht nur ein selbstbestimmtes Leben für alte Menschen und Menschen mit Behinderung zu planen, sondern es auch rechtlich zu fixieren und umzusetzen (vgl. ebd.).

4.4.6   Prof. Dr. Dr. Klaus Dörner

Mit seinem Buch „Leben und sterben, wo ich hingehöre. Dritter Sozialraum und neues Hilfesystem." hat Professor Klaus Dörner seinen ersten Beitrag zur Bundesinitiative „Daheim statt Heim" geleistet. In diesem Buch beschreibt er zum einen, dass Heimunterbringung in unserer heutigen Gesellschaft sowohl überflüssig, als auch völlig unpassend und von Betroffenen unerwünscht ist, und zum anderen beschreibt er, wie es möglich sein kann, für alle Menschen mit besonderem Hilfebedarf eine ambulante Wohnmöglichkeit zu realisieren. Dabei legt er besondere Bedeutung auf die Ergänzung der professionellen Unterstützung durch bürgerschaftliches und nachbarschaftliches Engagement. Die verschiedenen Formen des bürgerschaftlichen Engagements sind auch deshalb so wichtig, weil es vielen Menschen ein Bedürfnis ist, etwas für andere Menschen zu tun und Verantwortung für andere zu übernehmen. Diese Menschen müssen laut Professor Dörner gezielt angesprochen und in das Unterstützungssystem von Menschen mit Behinderungen oder alten Menschen integriert werden (vgl. www.kobinet-nachrichten.org/archiv, vom 04.10.2007).

Auch Professor Klaus Dörner kommt aus dem Bereich der praktischen Arbeit mit Menschen mit Behinderungen. Er war lange Zeit (1980 - 1996) als leitender Arzt im Landeskrankenhaus Gütersloh tätig und hatte zur gleichen Zeit einen Lehrstuhl für Psychiatrie an der Universität Witten Herdecke. Während dieser Zeit hat er sich konsequent für eine Medizin „vom Letzten, vom Schwächsten her" (www.bundesinitiative-daheim-statt-heim.de/files/Pers_Doerner.pdf) eingesetzt.

Die ‚Letzten' und Sprachlosesten sind seiner Ansicht nach die Menschen mit Behinderungen oder die alten Menschen, die in Heimen untergebracht sind und denen man verschweigt, dass sie gar nicht im Heim leben müssten, sondern dass sie durchaus in eine alternative Wohnform umziehen könnten. In Heimen für Menschen mit Behinderung und Pflegebedarf sind dies nach seiner Aussage mindestens ein Drittel der dort lebenden Menschen, die durch eine geeignete ambulante Betreuung, ein kommunal integriertes, selbstbestimmtes und barrierefreies Leben führen könnten. Allerdings, so Professor Dörner in seinem offenen Brief an den Bundestagspräsidenten, den Bundespräsidenten und den Bundeskanzler (2003), würden die Heimbetreiber und deren Verbände diese Tatsache nicht zugeben, aus Sorge, sie könnten dadurch „an Größe, Geld und Macht verlieren" (www.forsea.de/archiv/archiv_2003_03_Prof_Doerner.shtml).

Für die professionelle Arbeit mit Menschen mit Behinderungen zielt Professor Klaus Dörner auf einer Klärung der begrifflichen Grundlagen, da viele Begriffe uneindeutig und oft falsch gebraucht sind, wodurch sie schnell an Bedeutung verlieren. So führt er als Beispiel den Begriff der Teilhabe an, bei dem der Mensch mit Behinderung einseitig auf die Rolle des Empfängers reduziert wird. Auf jemand der teilhat, der nur etwas bekommt. Dies allein reicht aber für ein gleichberechtigtes Leben von Menschen mit Behinderung und alten Menschen in der Gemeinschaft nicht aus. Es ist für alle Menschen, egal ob mit oder ohne Behinderung ausgesprochen wichtig, in der Gesellschaft nicht nur zu nehmen, sondern auch etwas zurück zu geben. So muss man auch Menschen mit Behinderungen und alten Menschen die Möglichkeit geben, etwas Nützliches und Sinnvolles an die Gesellschaft weiterzugeben, denn nur so können sie das Gefühl entwickeln, selbst ein bedeutsamer Teil dieser Gesellschaft zu sein. Und dies ist unbedingte Voraussetzung für wirkliche Teilhabe und Inklusion in die Gesellschaft und die Gemeinschaft (vgl. www.kobinet-nachrichten.org/archiv, vom 26.09.2007).

4.5 Weitere geplante Aktionen

In einem der vorigen Kapitel wurde bereits dargestellt, was die Bundesinitiative „Daheim statt Heim" in dem Jahr, seit dem sie inzwischen besteht, bereits an Erfolgen zu verzeichnen hat. Es gibt aber noch viele weitere Aktionen, die von der Bundesinitiative vorbereitet wurden und aktuell in Planung sind, die aber noch keine konkreten Ergebnisse vorzuweisen haben. Gerade bei großen und langfristig angelegten Projekten kann man nach weniger als einem Jahr noch keine großartigen Erfolge erwarten. In diesem Kapitel sollen exemplarisch das geplante Kompetenzzentrum „Daheim statt Heim" in Berlin und die Arbeit der Bundesinitiative an einem eigenen Entwurf für ein neues Heimgesetz dargestellt werden.

4.5.1   Das Kompetenzzentrum „Daheim statt Heim"

In der Sitzung der Erstunterzeichner der Bundesinitiative am 02. Juli 2007 wurde eine Kurzkonzeption für ein geplantes Kompetenzzentrum in Berlin vorgestellt. Der Aufbau eines solchen Kompetenzzentrums für Politik, Verwaltung, Wissenschaft, Bildung, Verbände, Akteure und Betroffene war auch in dem Thesenpapier zu „Daheim statt Heim" gefordert und für dringend notwendig erklärt worden. Als Träger des Kompetenzzentrums wird der Verein für berufliche und soziale Integration e.V. benannt. Der Ansprechpartner für Belange, die das Kompetenzzentrum betreffen ist Roger Schmidtchen (Trägerwerk Soziale Dienste e.V.), der ebenfalls zu den Erstunterzeichnern und zum Strategieteam der Bundesinitiative gehört (vgl. Kurzkonzeption Kompetenzzentrum „Daheim statt Heim" Berlin, S. 1).

Die Ziele die mit dem Ausbau des Kompetenzzentrums erreicht werden sollen, sind im Wesentlichen im Thesenpapier der Bundesinitiative „Daheim statt Heim" dargestellt und sollen an dieser Stelle nicht noch mal aufgezählt werden. Die Aufgaben des Zentrums sind sehr vielschichtig angelegt. Sie reichen von der allgemeinen Unterstützung der Bundesinitiative über die Förderung von Inklusion und Integration von Menschen mit besonderem Unterstützungsbedarf, sowie Förderung von Deinstitutionalisierung bis hin zur Unterstützung und Vernetzung von anderen lokalen und regionalen Initiativen. Weiterhin steht die politische Beratung und Einflussnahme im Bereich Gesetzgebung und Verwaltung auf dem Programm des Kompetenzzentrums. Nicht zuletzt soll dort auch eine Vernetzung von Betroffenen, Wissenschaft, Bildung, Politik, Verwaltung und Praxis, sowie eine gebündelte Bewegung von Unterstützern und Aktivisten geschaffen werden (vgl. ebd., S. 2).

Um dies zu verwirklichen soll für das Kompetenzzentrum eine umfangreiche Datenbank erstellt werden, auf der Informationen zu den verschiedensten Bereichen der Alten- und Behindertenhilfe präsentiert und zur Verfügung gestellt werden, so zum Beispiel Gesetze und Verordnungen zum Thema Deinstitutionalisierung, Integration und Inklusion; Kampagnen, Konzepte und Strategien; Informationen aus Wissenschaft, Tagungen und der aktuellen Presse, sowie Kontakte zu Ansprechpartnern zu den verschiedenen Themen. Es soll dort eine persönliche Beratung, sowie eine Website mit einem Forum zur Onlineberatung bereitgestellt werden. Auch die Unterstützung von

Kampagnen und Aktionen zum Thema „Daheim statt Heim" sollen durch das Kompetenzzentrum unterstützt werden (vgl. Kurzkonzeption Kompetenzzentrum „Daheim statt Heim" Berlin, S. 3).

Die Finanzierung des Kompetenzzentrums soll zum einen durch eine Anschubfinanzierung von Bund, Ländern, Stiftungen und der EU realisiert werden und zum anderen in der laufenden Finanzierung vor allem durch Mitgliedsbeiträge und Projektmittel. Die Arbeitsfähigkeit des Kompetenzzentrums sollte laut Zeitplan der Kurzkonzeption bis zum 30. Juni 2007 erreicht sein (vgl. ebd., S. 3-4.). Bisher sind aber noch keine weiteren Informationen zum Stand der Errichtung des Kompetenzzentrums veröffentlicht.

4.5.2 Die AG Heimgesetz der Bundesinitiative „Daheim statt Heim"

Wie schon im zweiten Kapitel erläutert, ist das Heimgesetz am 29. August 2006 durch das Inkrafttreten der Föderalismusreform in die Gesetzgebungskompetenz der Bundesländer übergegangen und somit ist auch das ursprüngliche Vorhaben des Bundes, das Heimgesetz zu reformieren, zur Aufgabe der einzelnen Bundesländer geworden. Das Strategieteam der Bundesinitiative „Daheim statt Heim" hat es sich zur Aufgabe gemacht, sich in diese Entwicklungen zu neuen Länderheimgesetzen einzumischen und hat dazu die 'Arbeitsgemeinschaft Heimgesetz der Bundesinitiative „Daheim statt Heim"' gegründet, um Vorschläge und Entwürfe zu Voraussetzungen für die neuen Heimgesetze der Länder zu entwickeln. Auf den Punkt gebracht und ausformuliert hat diese Voraussetzungen Professor Klaus Dörner (vgl. DÖRNER 2007(a)). Die vorläufigen Ergebnisse der Arbeitsgruppe wurden ebenfalls in der Sitzung der Erstunterzeichner am 02. Juli 2007 präsentiert, wobei besonders intensiv über das zukünftige Anwendungsgebiet der neuen Heimgesetze diskutiert wurde. Die Frage dabei war, ob das Heimgesetz in Zukunft nur für Heime gelten soll, oder auch für diverse andere Arten von Wohnformen, wie zum Beispiel das ambulant betreute Wohnen, kleine unabhängige Wohngruppen und Wohngemeinschaften, usw.

Bei der Reform der neuen Länderheimgesetze muss, laut DÖRNER, zunächst bedacht werden, dass sich heute eine gänzlich neue Situation präsentiert, als dies noch 1974 der Fall war, als das erste Heimgesetz verfasst wurde. Der heutige gesamtgesellschaftliche

Hilfebedarf ist so hoch wie noch nie zuvor und die Bedürfnisse der Menschen mit verschiedenen Hilfebedarfen haben sich dahingehend geändert, dass die Menschen nicht mehr bereit sind, sich durch das Angebot an Hilfe und Unterstützung ihren Lebensraum vorschreiben zu lassen, sondern sie wollen, dass die Hilfe zu ihnen gebracht wird. Dies erfordert eine neue Art von Hilfesystem, was sich wiederum in den Entwürfen zu den neuen Länderheimgesetzen niederschlagen muss (vgl. DÖRNER 2007(a), S. 3).

Da das Heim zum Rechtsbereich des „besonderen Gewaltverhältnisses" (DÖRNER 2007(a), S. 4) gehört und daher eine Heimunterbringung mit dem Grundgesetz nicht vereinbar ist, es sei denn, sie ist alternativlos erforderlich, ist es nach DÖRNER dringend erforderlich, strengere Kontrollen für die Erforderlichkeit von Heimaufnahmen und für die Dauer von Heimaufenthalten gesetzlich zu verankern. Weiterhin soll es für Heimaufsichten die Möglichkeit geben, zur Beurteilung dieser Erforderlichkeiten unabhängige Experten hinzuzuziehen. Außerdem soll jede Heimaufnahme gesetzlich begründungspflichtig sein und für alle Heime soll eine generelle Genehmigungspflicht eingeführt werden (vgl. ebd., S. 5ff.).

Langfristig soll ein Heimbaustop, sowie ein schrittweiser Abbau von bestehenden Heimplätzen im Gesetz verankert werden, denn nur dadurch ist es möglich, für alle Menschen mit besonderem Hilfebedarf eine angemessene und menschenwürdige Betreuung zu gewährleisten. Wenn nämlich die Ambulantisierung nicht konsequent auf allen Ebenen und für alle Personengruppen durchgeführt würde, bestünde die Gefahr, dass „in den immer kleiner werdenden Heimbereichen ein Rest von immer schwierigeren Behinderten sich bis zur Unerträglichkeit – für alle Beteiligten – konzentriert." (DÖRNER 2007(a), S. 6)

Letztlich ist es für die neuen Heimgesetze wünschenswert, dass sie sich am Subsidiaritätsprinzip orientierend darauf verlagern, die Anzahl der „Profi-Arbeitsplätze" (ebd., S. 8) zugunsten der Bürgerhilfe zu beschränken oder sogar zu reduzieren. Nach aktuellem Wissensstand ist gerade im Bereich der sozialen Dienstleistungen eine „Über-Professionalisierung" (ebd., S. 4), sowie eine „Unterlastung des Bürger-Hilfe-Systems" (ebd.) zu verzeichnen, was durch eine Kombination von Bürgerhilfe und professioneller Unterstützung sowohl zugunsten der betroffenen Hilfeempfänger, als auch zugunsten der Finanzierbarkeit von sozialen Dienstleistungen behoben werden kann (vgl. ebd.). Diese Entwicklungen stimmen auch mit den Gedanken der Integration und Inklusion überein, da die Beziehungen zwischen Bürgern mit und ohne besonderen Hilfebedarf somit weitestgehend ohne professionelle Hilfe geregelt werden. Der Einsatz von professioneller Hilfe und Unterstützung in der Betreuung von Menschen mit Behinderung und von alten Menschen muss also zugunsten von bürgerschaftlichem Engagement möglichst gering gehalten werden und hierzu ist, laut DÖRNER, eine staatliche Steuerung nötig, die in den neuen Länderheimgesetzen verankert sein soll. Außerdem bedarf es der Aufwertung und Stabilisierung dieser bürgerschaftlichen Hilfesysteme, zum Beispiel durch „geldwerte Anreize (bei der Rente oder den Kassenbeiträgen)" (ebd., S. 9) und durch eine Anerkennung von Pflegezeiten (vgl. ebd.).

5. Empirischer Teil

Nachdem in den vorherigen Kapiteln die verschiedenen Formen des gemeindenahen Wohnens vorgestellt wurden, sowie die Arbeit der Bundesinitiative „Daheim statt Heim", welche ausdrücklich für die Forderung nach gemeindenahen Wohnformen für alle Menschen mit und ohne Hilfebedarf eintritt, werde ich nun im letzten Kapitel dieser Arbeit eine kleinere empirische Untersuchung darstellen, welche ich zur Arbeit der Bundesinitiative „Daheim statt Heim" durchgeführt habe. Dazu habe ich führende Mitglieder der Bundesinitiative befragt, um weitere Informationen aus erster Hand zu erhalten, die mir meine bisher verwendeten Quellen nicht liefern konnten.

In diesem Kapitel werde ich nun kurz den Gegenstand der Studie, sowie die zentralen Fragestellungen vorstellen. Weiterhin werde ich auf die Forschungsmethode eingehen, die ich verwendet habe und ebenfalls die Personen kurz vorstellen, die an der Befragung teilgenommen haben, sowie die Auswahl der Personen begründen. Den letzten Teil des Kapitels werden die Auswertung der Untersuchung und die Darstellung der Ergebnisse bilden.

5.1 Gegenstand und zentrale Fragestellungen der Untersuchung

Während der Vorbereitungsphase für meine Diplomarbeit erfuhr ich zum ersten Mal von der Arbeit der Bundesinitiative „Daheim statt Heim", welche sich nur einige Monate zuvor gegründet hatte. Nachdem ich mich dazu entschlossen hatte, die Arbeit dieser Initiative in meine Diplomarbeit aufzunehmen und näher zu untersuchen, wurde es mir ermöglicht, seit Februar 2007 an verschiedenen Treffen der Erstunterzeichner und des Strategieteams teilzunehmen. Dort konnte ich mir einen guten Überblick über die bisherige Arbeit von „Daheim statt Heim" verschaffen und von diesem Zeitpunkt an das weitere Vorgehen und die Planungsschritte direkt und unmittelbar verfolgen. Im Verlauf meiner Beobachtungen und mit Hilfe meiner inzwischen erworbenen Kenntnisse über die Arbeit der Bundesinitiative, konnte ich verschiedene Fragestellungen entwickeln, welche ich in Form eines Fragebogens an Mitglieder der Bundesinitiative herantragen konnte. Für die Untersuchung standen folgende zentrale Überlegungen im Mittelpunkt:

1. Die Bundesinitiative bestand zum Zeitpunkt der Befragung seit beinahe einem Jahr. Was hat sich in diesem Jahr in der Entwicklung der Arbeit der Initiative getan? Welche Erfolge hat „Daheim statt Heim" zu verzeichnen? Wie gestaltet sich die weitere Planung und haben sich Problemfelder gezeigt, in denen Verbesserungen und Neuerungen nötig sind?

2. Die Bundesinitiative setzt sich aus Personen zusammen, die aus den verschiedensten Tätigkeitsfeldern kommen. Wie wirkt sich diese Heterogenität innerhalb der Mitwirkenden auf die Arbeit der Bundesinitiative aus?

3. Warum war es nötig, eine weitere Initiative zu gründen, die gegen die Unterbringung von Menschen mit Behinderungen in Heimen aktiv ist, obwohl es bereits verschiedene solcher Initiativen gibt (zum Beispiel ForseA, ISL)?

4. Die konsequente Umsetzung von dezentralen, kleinen und gemeindenahen Wohnmöglichkeiten für alle Menschen ist sicher für die Personengruppe der Menschen mit schwerer geistiger und mehrfacher Behinderung am schwierigsten. Werden diese Personengruppe und ihre Bedürfnisse in der Arbeit der Bundesinitiative ausreichend berücksichtigt?

5. „Daheim statt Heim" ist ein provokant gewählter Titel, der vermutlich bei vielen Menschen zu dem Missverständnis führen kann, dass es auch für erwachsene Menschen mit (geistiger) Behinderung das Beste wäre, wenn sie ihr Leben lang zu Hause bei ihren Eltern leben würden und von diesen oder von anderen Familienmitgliedern betreut und versorgt würden. Sind sich die Mitglieder der Bundesinitiative über diese Schwierigkeit bewusst und wenn ja, was unternehmen sie dagegen?

Das Ziel der Studie war es also herauszufinden, wie mit den verschiedenen aufgezeigten Problemfeldern umgegangen wird und weiterhin sollte es mit Hilfe der Befragung und ihrer Ergebnisse möglich sein, einen noch detaillierteren und auch kritischen Blick auf die Arbeit und die Entwicklung von „Daheim statt Heim" geben zu können.

5.2 Die Forschungsmethode

Ich habe mich für meine Untersuchung zur Bundesinitiative „Daheim statt Heim" dazu entschieden, eine qualitative Forschungsmethode zu verwenden, da es in der Befragung nicht um die Erfassung von Häufigkeiten oder um Verteilungen in einer großen Grundgesamtheit geht, sondern es ist Ziel der Studie, gezielte inhaltliche Fragen zu beantworten. Dies entspricht den grundlegenden Prinzipien der qualitativen Sozialforschung, denn dort ist es von besonderer Bedeutung, dass die Antworten von ausgewählten „typischen Fällen" (LAMNEK 2005, S. 193) gegeben werden und die zu Befragenden nicht durch eine zufällige Stichprobe ermittelt werden. Dies wird sich auch im weiteren Verlauf in der Auswahl der Interviewpartner zeigen. Die qualitative Sozialforschung hat aber noch weitere Vorteile, die grundlegend für meine Entscheidung über die Forschungsmethode waren und an welchen ich auch meine eigene Studie ausgerichtet habe.

Zunächst bietet die qualitative Forschung eine prinzipielle Offenheit im Forschungsprozess, welche sich besonders für Studien anbietet, für die es bisher noch wenig Literatur gibt. Für die Fragen gibt es keine vorformulierten Antwortmuster, sondern die Befragten selbst können die Schwerpunkte in ihren Antworten setzen und bei Bedarf auch von der Fragestellung abweichen und stattdessen erzählen, was sie persönlich für wichtig halten. Dadurch kommt man leicht zu Informationen, die man so vielleicht gar nicht konkret nachgefragt hätte, was ideal ist zur Hypothesenbildung und für eine grundsätzliche erste wissenschaftliche Annährung an das Thema (vgl. LAMNEK 2005, S. 21). Normalerweise ist es in vielen Methoden der qualitativen Sozialforschung üblich, völlig unbelastet an das Forschungsfeld heranzugehen. Dieses Vorgehen war für meine Untersuchung unpraktisch. Ich habe mich zunächst eingehend mit der Arbeit der Bundesinitiative befasst und alle Informationen genutzt, die ich aus dem Internet, aus dem Informationsmaterial der Bundesinitiative und aus der teilnehmenden Beobachtung bei den Treffen von „Daheim statt Heim" gesammelt hatte und daraufhin vertiefende Fragen an die Probanden formuliert.

Ein weiterer Vorteil der qualitativen Sozialforschung ist ihre hohe Reflexivität, in dem Sinne, dass jede Handlung oder Äußerung von Probanden nicht nur für sich allein genommen und interpretiert werden muss, sondern, dass alles in den Gesamtkontext eingebunden und daraus hervorgehend verstanden werden soll (vgl. LAMNEK 2005, S. 24). Für meine Studie war dies besonders gut, weil die Befragung ja insbesondere auf den Vorkenntnissen aus der Teilnahme an Treffen der Erstunterzeichner und des Strategieteams beruhte und es daher keinen Sinn gemacht hätte, die Ergebnisse dann völlig unvoreingenommen und nur für sich stehend zu interpretieren. Diese Forschungsmethode erfordert natürlich ebenso eine reflexive Einstellung des Forschers und die Möglichkeit der Anpassung des Erhebungsinstrumentes an die Gegebenheiten der Untersuchung (vgl. ebd.). In dieser Hinsicht weist die qualitative Sozialforschung ein hohes Maß an Flexibilität auf, die es dem Forscher zum Beispiel ermöglicht, im Forschungsprozess von einer Forschungslinie auf eine andere überzuwechseln, neue Aspekte im Verlauf der Untersuchung hinzuzufügen oder aufgrund von Zwischenergebnissen eine neue Richtung im Forschungsprozess einzuschlagen (vgl. ebd., S. 25). Der Blickwinkel des Forschers sollte zunächst weit sein und sich im Verlauf der Forschung immer weiter zuspitzen, so zum Beispiel vom Literaturstudium und der teilnehmenden Beobachtung hin zur direkten Befragung.

Die Auswahl des Erhebungsinstrumentes sollte sich an der sozialen Realität orientieren, in welcher die Untersuchung stattfinden soll (vgl. ebd.). Daher war es für mich günstiger, die Befragung schriftlich durchzuführen. Ein Großteil der Mitglieder der Bundesinitiative „Daheim statt Heim" kommuniziert und organisiert sich hauptsächlich über Emailverkehr. Da alle Mitglieder aus ganz unterschiedlichen Teilen Deutschlands kommen, kann es so vermieden werden, dass sie unnötig oft und lange durchs Land reisen müssen, um miteinander in Kontakt zu treten, was besonders für die Teilnehmer ungünstig wäre, die in ihrer Bewegungsfreiheit eingeschränkt sind. Daher habe ich auch diesen Weg gewählt, um mit meinen Probanden in Kontakt zu treten, was von allen positiv aufgenommen wurde.

 Bei der Konstruktion des Fragebogens habe ich mich weitgehend an den Kriterien für das problemzentrierte Interview orientiert. Für diese Interviewform ist es üblich, dass der Forscher mit einer bestimmten Menge an Vorwissen in die Befragung geht, dass heißt, es sind auch schon konkrete Fragestellungen vorhanden. Die Vorbereitung für ein solches Interview erfolgt normalerweise durch das Studium der vorhandenen Literatur zum Thema, sowie durch eigene Erkundungen im Untersuchungsfeld (vgl. LAMNEK 2005, S. 364). Normalerweise werden solche Interviews mündlich durchgeführt, es gibt allerdings bereits Tendenzen, sie in schriftlicher Form als Fragebogen zu gestalten (vgl. ebd., S. 334). Dabei ist es allerdings weniger möglich, die Fragen speziell auf die zu befragende Person auszugestalten. Sie müssen stattdessen so formuliert sein, dass sie von allen Personen trotzdem möglichst individuell beantwortet werden können. Bei meiner Befragung ging es weniger um persönliche Einstellungen der Befragten, sondern mehr um fachliche Informationen zur Bundesinitiative und zu deren Arbeit. Daher war es möglich, den Fragebogen so auszuarbeiten, dass jeder individuell antworten und seine eigenen Schwerpunkte setzen konnte.

5.3 Auswahl der Probanden

Die Teilnehmer einer Untersuchung werden für die qualitative Sozialforschung prinzipiell nicht nach ihrer normalen Verteilung in der Grundgesamtheit ausgewählt, sondern es kommt darauf an, für die Fragestellung „typische Fälle" zu finden. Dabei soll eine möglichst große Heterogenität innerhalb der Befragten abgebildet werden, um möglichst vielfältige Antworten und einen möglichst weiten Blick auf die Fragestellung zu erlangen. Die Stichprobengröße ist nicht festgelegt, sondern wird danach entschieden, wie unterschiedlich sich die Population zusammensetzt, wie viele verschiedene 'typische Fälle' gefunden werden (vgl. LAMNEK 2005, S. 192ff.). Da es sich bei meiner Untersuchung um eine Art Experteninterview handelt und es daher von großer Bedeutung sein kann, welche Antworten von welcher Person gegeben werden, wurde die Befragung nicht anonym gestaltet, was von den Befragten problemlos angenommen wurde.

Die ausgewählten Personen, sollen hier nur noch einmal kurz genannt werden, da sie im Kapitel 4.4 bereits ausführlich vorgestellt wurden. Als Mitglied des Bundestages und Behindertenbeauftragte der SPD wurde Frau Silvia Schmidt befragt, die gleichzeitig auch Hauptinitiatorin der Bundesinitiative war. Frau Elke Bartz wurde sowohl in ihrer Rolle als Betroffene befragt, die selbstständig in ihrem eigenen Haus lebt, als auch als Vorsitzende des Forums selbstbestimmter Assistenz behinderter Menschen (ForseA e.V.). Ebenfalls in seiner Rolle als Betroffener wurde Herr Ottmar Miles-Paul befragt. Er ist gleichzeitig Redakteur der Kobinet-Nachrichten und Pressesprecher des Behindertenverbandes „Interessenvertretung Selbstbestimmt Leben in Deutschland"

(ISL). Auch Herr Karl Finke ist selbst von Behinderung betroffen. Er wurde weiterhin in seiner Rolle als Bundessprecher des Netzwerks "Selbst Aktiv" und als Landesbehindertenbeauftragter des Landes Niedersachsen befragt, also gleichermaßen als Betroffener, Vertreter von Selbsthilfeorganisation und Mitglied der Politik. Herr Wolfram Scharenberg ist Vertreter der Praxis und hat umfassende Erfahrung im Bereich der Deinstitutionalisierung von Großeinrichtungen der Behindertenhilfe und der Realisierung von dezentralen, gemeindenahen Wohn- und Unterstützungsformen. Er ist Pressesprecher der Evangelischen Stiftung Alsterdorf und gleichzeitig Bereichsleiter für den Bereich Kommunikation des Unternehmensverbundes. Prof. Dr. Dr. Klaus Dörner kommt aus dem Bereich der Wissenschaft. Er war lange Zeit als Universitätsprofessor tätig und hat diverse Bücher und Schriften zum Thema verfasst. Weiterhin kommt auch er aus der Praxis, denn er war jahrelang Leiter einer psychiatrischen Großeinrichtung in Gütersloh.

Die Auswahl der befragten Mitglieder der Bundesinitiative „Daheim statt Heim" spiegelt also die verschiedenen Bereiche wieder, aus denen sich ihre Unterstützer zusammensetzen. Die Initiative legt großen Wert auf diese Vielfältigkeit. Es sind Vertreter aus allen wichtigen Bereichen der Arbeit für und mit Menschen mit Behinderungen und alte Menschen unter dem Dach von „Daheim statt Daheim" vereint.

5.4 Auswertung und Darstellung der Ergebnisse

Die Auswertung der Fragebögen erfolgte in mehreren Schritten. Da bei der Erstellung des Erhebungsinstrumentes an verschiedenen Stellen von den herkömmlichen Methoden der qualitativen Sozialforschung abgewichen wurde, um besser der sozialen Realität zu entsprechen, in welcher die Untersuchung durchgeführt wurde, war es ebenso auch notwendig, die Methoden der Auswertung an die gegebene Realität und an den ausgearbeiteten Fragebogen anzupassen. Ich habe mich allerdings soweit dies möglich war an der Methode der interpretativ-reduktiven Analyse orientiert (vgl. LAMNEK 2005, S. 402ff.).

Zunächst wurden die Fragebögen, welche handschriftlich ausgefüllt und zurückgeschickt worden waren, abgetippt, um alle Fragebögen in einer einheitlichen Form vorliegen zu haben. Dann wurden die Fragebögen einzeln sorgfältig gelesen und mit Blick auf die Fragestellungen analysiert. Dabei wurden wichtige und informationskräftige Passagen hervorgehoben, die im Anschluss daran nochmals gesondert betrachtet und analysiert wurden. Danach wurde der Text für die weitere Analyse kommentiert und charakterisiert.

Im zweiten Schritt wurden nun die verschiedenen Fragebögen gemeinsam und vergleichend betrachtet. Es wurde gezielt nach Gemeinsamkeiten in allen oder einzelnen Interviews gesucht. Ebenso wurden auch signifikante Unterschiede innerhalb der ausgefüllten Fragebögen markiert. Anhand dieser Unterschiede und Gemeinsamkeiten wurden nun Grundtendenzen innerhalb der Beantwortung der Fragen abgeleitet. Während der gesamten Phase der Auswertung wurden immer wieder die ungekürzten Fragebögen zur Kontrolle der (Zwischen-) Ergebnisse hinzugenommen, um zu vermeiden, dass wichtige Informationen übersehen oder falsch interpretiert werden.

Im Folgenden sollen nun die wichtigsten Ergebnisse der Untersuchung in Rückbeziehung auf die zentralen Fragestellungen erläutert werden, die zu Beginn des Kapitels genannt wurden. Um eine bessere Übersichtlichkeit zu erreichen, werde ich die Ergebnisse anhand der Ausgangsfragen zusammenfassend darstellen. Um eine glaubhafte und nachvollziehbare Darstellung der Ergebnisse zu erreichen, werde ich diese mit zitierten Aussagen der Befragten ergänzen. Zur Kontrolle für den Leser sind die einzelnen Fragebögen im Anhang an diese Arbeit eingebunden, um einen direkten Vergleich mit dem Originaltext zu ermöglichen.

<u>Was hat sich im vergangenen Jahr in der Entwicklung der Arbeit der Bundesinitiative getan? Welche Erfolge hat „Daheim statt Heim" zu verzeichnen?</u>

Für mich war es von großem Interesse, wie die Mitwirkenden der Bundesinitiative ihre eigene Arbeit einschätzen und insbesondere, wie sie diese auch kritisch reflektieren und wo Ansätze zur Verbesserung der zukünftigen Arbeit gesehen werden. Alle Befragten beurteilten die bisherige Entwicklung und den Erfolg, den die Bundesinitiative nach beinahe einem Jahr zu verzeichnen hatte als positiv. Besonders hervorgehoben wird der hohe Bekanntheitsgrad der Bundesinitiative in den verschiedenen Bereichen, wie zum Beispiel: Politik, Presse, Fachtagungen und auch bei den Betroffenen selber. Dieser Bekanntheitsgrad ist deshalb so erfreulich für die Mitglieder von „Daheim statt Heim", weil es die Initiative erst seit relativ kurzer Zeit gibt und ihr bisher nur ein sehr geringes finanzielles Budget zur Verfügung steht. Es wird allerdings nicht nur die positive Anerkennung der Arbeit der Bundesinitiative besonders durch die betroffenen Menschen mit Behinderungen selbst hervorgehoben, sondern auch die Ablehnung der Forderungen von „Daheim statt Heim" durch viele Einrichtungsträger und die großen Verbände der Behindertenhilfe.

- „[Die Entwicklung der Bundesinitiative ist, M.G.] Für mich überraschend positiv"
- „Das Anliegen der Bundesinitiative findet großen Zuspruch, ihr Bekanntheitsgrad nimmt ständig zu."
- „Mittlerweile ist die Initiative mit ihren Zielen relativ breit gekannt [!]. Mit relevanten Einrichtungen, Gruppen und Einzelpersonen kommt es zum Austausch. Daher kann die Arbeit der Initiative […] als durchaus erfolgreich eingeschätzt werden."
- „Sie [die Bundesinitiative, M.G.] ist trotz der Kürze der Zeit im ganzen Bundesgebiet und darüber hinaus bekannt."
- „Die Bundesinitiative ist bundesweit im Gespräch und findet zunehmend Zuspruch bei behinderten Menschen aber auch zunehmend Gegenwind bei Einrichtungsträgern und den dazugehörigen Verbänden."
- „Für die äußerst geringen finanziellen Ressourcen, die der Initiative derzeit noch zur Verfügung stehen, hat sich schon enorm viel getan." (Aussagen von Befragten)

Wie gestaltet sich die weitere Planung für „Daheim statt Heim"?

Für die Zukunft wird von den meisten Mitgliedern der Bundesinitiative eine Fortsetzung der bisherigen Arbeit angestrebt. Dabei geht es vor allem um die Mitwirkung der Initiative auf Veranstaltungen und Messen, um Pressearbeit, sowie um die Herstellung weiterer Auslandskontakte. Dabei kommt es aber einigen Mitwirkenden (besonders Wolfram Scharenberg) darauf an, dass in Zukunft verstärkt inhaltlich gearbeitet wird und weniger auf die Präsenz in der Presse geachtet wird. Ebenfalls braucht die Bundesinitiative noch mehr Unterstützer und engagierte Personen, die sich aktiv mit einbringen und vor Ort „Daheim statt Heim"-Gruppen gründen und organisieren. Außerdem ist es weiterhin Ziel, ein Kompetenzzentrum für die Koordination der Arbeit und als Anlaufstelle für Interessierte und Betroffene zu errichten. Dabei müssen insbesondere auch die Anbieter von Einrichtungen und Dienstleistungen für Menschen mit Behinderungen und alte Menschen als Zielgruppe für ein solches Kompetenzzentrum bedacht werden.

Nach wie vor steht der Baustop für Heime im Vordergrund der Arbeit der Bundesinitiative, sowie der Ausbau von alternativen Wohnformen. Es gilt außerdem, die gesetzlichen Möglichkeiten für die Erreichung der Ziele von „Daheim statt Heim" besser auszunutzen und auf deren konsequentere Umsetzung hinzuarbeiten – zum Beispiel im Hinblick auf die UN-Konvention über die Rechte von Menschen mit Behinderungen, die Nutzung von persönlichen Budgets, und ähnlichem.

Ein weiterer Schwerpunkt in der zukünftigen Arbeit der Bundesinitiative muss es sein, ihre Aktivitäten noch mehr in Richtung dritter Sozialraum zu verbreiten. Zum Ausbau von dezentralen, gemeindenahen Wohn- und Unterstützungsformen gehört auch das verstärkte Interesse an der neuen Bürgerhilfe-Bewegung, die als wesentlicher Teil in die Arbeit von „Daheim statt Heim" mit aufgenommen werden muss.

- „Im Fordergrund steht der „Heimbaustop" mit der Folge, Hilfe künftig kleinräumiger zu organisieren."
- „Austausch und Diskussion in unterschiedlichsten Zusammenhängen ist die wesentliche Aufgabe innerhalb der Initiative. Dabei stehen stets die inhaltlichen Ziele im Vordergrund. […] Es geht […] um inhaltliche Fortschritte in der Sache."
- „Verbreitung der Aktivitäten hin zur bürgerschaftlichen Basis, damit die Initiative Bestandteil der „neuen Bürgerhilfe-Bewegung" wird."
- „[Ein politisches Ziel der Bundesinitiative ist die, M.G.] Umsetzung der UN-Konvention über die Rechte von Menschen mit Behinderung"
- „Die Initiative ist erst im Aufbau begriffen und personell unterbesetzt. Entwicklungsmöglichkeiten: Ausweitung auf Europa, innerhalb Deutschlands überall „Daheim statt Heim"- Gruppen, die vor Ort arbeiten, Unterstützertreffen etc."
- „In Zukunft […] Nutzung des persönlichen Budgets, Reform und Abbau von Einrichtungen, Veranstaltungen, etc."
- „Wünschenswert wäre die Einrichtung eines Kompetenz- und Beratungszentrums, sowohl für Betroffene, als auch für Anbieter, Einrichtungen und öffentliche Verwaltungen."

- „[Für die weitere Planung brauchen wir, M.G.] Gezielte Öffentlichkeitsarbeit, Initiativen im politischen Raum, verstärkte Kooperation mit Behinderten und Sozialverbänden" (Aussagen von Befragten)

<u>Haben sich im vergangenen Jahr Problemfelder gezeigt, in denen Verbesserungen und Neuerungen nötig sind?</u>

Nur drei der befragten Personen nannten Problemfelder, in denen zukünftige Verbesserungen notwendig sein können. Von diesen Befragten kommen zwei aus dem Bereich der Interessenvertretung für Menschen mit Behinderungen und sind selbst auch von Behinderung betroffen (Ottmar Miles-Paul, Karl Finke) und einer aus dem Bereich der praktischen Arbeit in einer Einrichtung der Behindertenhilfe (Wolfram Scharenberg).

Eine Schwierigkeit der Bundesinitiative wird in der noch nicht ausreichend ausgebauten Organisationsstruktur erkannt. Für die Mitwirkenden der Initiative kann dies leicht zu Überforderung führen, da sie noch diverse weitere Aufgaben neben der Unterstützung der Bundesinitiative haben. Es fehlt zudem an Geld um hauptamtliche Mitarbeiter für die Arbeit bei „Daheim statt Heim" einzusetzen und sie auch entsprechend zu bezahlen.

Weitere Veränderungswünsche werden dahingehend geäußert, dass die Ausarbeitung von alternativen Wohn- und Unterstützungsformen sich noch mehr an den Bedürfnissen der Menschen orientieren muss, die einen sehr hohen Unterstützungsbedarf haben. Außerdem müssen auch die Interessen von alten Menschen, die nicht in Heimen leben wollen noch stärker bedacht werden. Es muss sich insgesamt mehr auf die zentralen Schwerpunkte in der Arbeit konzentriert werden. Wenn man an zu vielen Stellen gleichzeitig Verbesserungen und Neuerungen durchsetzen will, kann es leicht passieren, dass man den Überblick verliert und die Arbeit der Bundesinitiative dadurch unübersichtlich und uneffektiv wird.

Problematisch wird auch die noch sehr geringe Beteiligung von Menschen mit Behinderung an der Arbeit der Bundesinitiative gesehen. Für die Zukunft soll es gelingen, mehr Menschen mit Behinderung zur Mitarbeit innerhalb der Initiative zu motivieren. „Daheim statt Heim" braucht die Sichtweisen und die Einmischung dieser Personen, weil sie als Betroffene nur selbst formulieren können, was sie wirklich wollen und brauchen.

- „[Verbesserungs- und Entwicklungsmöglichkeiten sehe ich, M.G.] In der Organisationsstruktur. Dafür brauchen wir noch Geld."
- „[Für die weitere Arbeit ist es wichtig, M.G.] Sponsoren zu finden, die die Aktivitäten zu finanzieren helfen, um noch effizienter arbeiten zu können"
- „die Arbeit in der Initiative [… kann, M.G.] für alle Beteiligten stets nur neben dem umfangreichen Tagesgeschäft vonstatten gehen"
- „Die Orientierung an den Menschen mit sehr hohem Unterstützungsbedarf muss das Maß der Dinge sein."
- „Wichtig finde ich, dass […] Erfahrungen und Modellen, die behinderte Menschen gemacht haben bzw. entwickelt haben, auch auf ältere Menschen [… übertragen werden, denn, M.G.] oft sind die Bedürfnisse ähnlich"
- „Es erscheint sinnvoll, nicht allzu viele Aspekte abdecken zu wollen und ,sich nicht zu verzetteln'."
- „[Als Verbesserungs- und Entwicklungsmöglichkeit sehe ich die, M.G.] verstärkte, unmittelbare Mitgestaltung behinderter Menschen. […] Mindestens 50% in den Gremien [sowie auch bei Daheim statt Heim, M.G.] müssen alte oder behinderte Menschen selbst sein" (Aussagen von Befragten)

<u>Wie wirkt sich die starke Heterogenität innerhalb der Mitwirkenden der Bundesinitiative auf deren Arbeit aus?</u>

In einer Arbeitsgruppe, die aus so vielen Menschen besteht, die fast alle aus unterschiedlichen Tätigkeitsfeldern kommen, ist die Frage nahe liegend, ob diese Unterschiedlichkeit sich eher förderlich oder eher hemmend auf deren Arbeit auswirkt. Überlegungen dabei sind, ob die Zielstellungen und Prioritäten bei allen Mitgliedern der Bundesinitiative die gleichen sind, oder ob es dahingehend eher Uneinigkeit zwischen den Beteiligten gibt. Es kann aber auch ein Vorteil sein, indem durch die unterschiedlichen Mitglieder auch ebenso differenzierte Blickwinkel und Sichtweisen mit in die Arbeit von „Daheim statt Heim" hineingetragen werden. Außerdem kann es sich als eine gute und sehr effiziente Arbeitsteilung herausstellen, wenn jeder das zur Bundesinitiative beiträgt, was er am besten kann und wo er sein spezielles Arbeitsfeld hat.

Grundsätzlich sind die Zielvorstellungen, welche die verschiedenen Mitwirkenden der Bundesinitiative mit dieser verbinden, sehr einheitlich, obwohl durchaus jeder seinen eigenen Schwerpunkt setzt. Diese Schwerpunkte sind aber gut miteinander vereinbar und ergänzen sich zu einem abgerundeten Programm von „Daheim statt Heim".

Für die organisatorische Arbeit könnte es in Zukunft förderlicher sein, wenn die Organisation der Bundesinitiative zentral von einer Person geleitet würde, welche nicht hauptberuflich in andere Strukturen eingebunden ist, um eine bessere Übersichtlichkeit und Einheitlichkeit in der Arbeit von „Daheim statt Heim" zu erreichen. Andererseits wird es aber von den Befragten auch als positiv formuliert, dass die Zusammenarbeit innerhalb der Initiative so unkompliziert und bürokratielos vonstatten geht.

Ein großer Vorteil ist es sicher, dass die Mitwirkenden der Bundesinitiative in so viele verschiedene gesellschaftliche Systeme eingebunden sind, da sie deshalb auch auf so vielen Ebenen präsent sind und Wirkung zeigen. Dies kann zum Beispiel für selbst von Behinderung betroffene Mitwirkende der Bundesinitiative heißen, dass sie am eigenen Beispiel zeigen, was es bedeutet, in einem Heim zu leben, wie man aus einem solchen Heim ausziehen kann und wie es dann auch möglich sein kann, selbstbestimmt und mit Hilfe von Assistenzen im eigenen Zuhause zu leben. Durch ihr Engagement in verschiedenen Selbsthilfeorganisationen bringen sie auch deren Standpunkt mit in die Arbeit von „Daheim statt Heim" ein. Weiterhin ist es sinnvoll, dass auch Vertreter aus der praktischen Arbeit mit Menschen mit Behinderungen in die Initiative mit eingebunden sind und somit den Standpunkt der Anbieter von Einrichtungen und Dienstleistungen, sowie auch von Kostenträgern mit in die Diskussion hineintragen. Auch diese müssen berücksichtigt werden, wenn man Strategien entwickeln will, die praktikabel und zukunftsträchtig sein sollen. Ebenso ist es vorteilhaft, dass viele Vertreter aus dem Bereich der Politik in der Bundesinitiative engagiert sind und sie somit die Anliegen von „Daheim statt Heim" direkt in politische Diskussionen einbringen können und somit leichter gesetzliche Änderungen erreicht werden könne. Auch aus dem Bereich der Wissenschaft bekommt die Initiative viel Unterstützung, wenn es darum geht, theoretische Konzepte zu entwickeln, die es für alle Menschen mit Unterstützungsbedarf ermöglichen sollen, in kleinen, dezentralen und gemeindenahen Wohnungen zu leben.

- „Die persönlichen Schwerpunkte unterscheiden sich nicht von denen im Thesenpapier."

- „[Als besonders positiv sehe ich, M.G.] Bezüglich der Zusammenarbeit innerhalb der Initiative: Unkomplizierter Austausch, keine formale Vereins- oder Gremienarbeit, …"

- „Durch meine Funktionen im Behindertenbereich [kann ich, M.G.] aufklärend für Daheim statt Heim [arbeiten, M.G.]"

- „[Als, M.G.] Vertreter eines großen Trägers von Assistenzdienstleistungen, der auch noch über einen erheblichen Anteil stationärer Plätze für Menschen mit Unterstützungsbedarf verfügt [bringe ich, M.G.] stets den Blickwinkel des ehemaligen Heimträgers mit und schütze die Initiative vor dem Ansehen, nur Instrument von Selbsthilfe-, bzw. Betroffenengruppen zu sein. […] Zugleich habe ich darauf zu achten, dass die Sichtweise und Interessen von Leistungsanbietern immer mit berücksichtigt werden müssen, um letztlich gemeinsam erfolgreich zu sein."

- „Als Selbstbetroffene [ist es mir möglich, M.G.] darzustellen, was es bedeutet, in einem "Heim" gelebt zu haben, und welche Möglichkeiten man hat, wenn die ambulanten Hilfen bedarfsgerecht zur Verfügung stehen"

- „[Ich verstehe mich, M.G.] als Stratege, der versucht, in verschiedenen Bereichen, Erfolge zu erzielen, zu motivieren […]"

- „Als Initiatorin [der Bundesinitiative „Daheim statt Heim", M.G.] und Mitglied des Bundestages besteht die Möglichkeit, in die politischen Gremien hineinzuwirken."

- „Mit meinem Buch „Leben und sterben, wo ich hingehöre" habe ich eine Art Drehbuch für die Initiative geschrieben." (Aussagen von Befragten)

Warum war es nötig, eine weitere Initiative zu gründen, die gegen die Unterbringung von Menschen mit Behinderung in Heimen aktiv ist?

Im Zusammenhang mit der Beantwortung dieser Frage muss es nun darum gehen herauszustellen, was „Daheim statt Heim" von anderen, ähnlich angelegten Initiativen unterscheidet und wo hier spezielle Vorteile liegen.

Ein entscheidender Vorteil gegenüber anderen Initiativen und Selbstvertretungsgruppen ist es, dass die Bundesinitiative direkt aus der Politik kommt. Dies wird auch von der

Mehrzahl der Befragten thematisiert. Die Bundesinitiative ist von politischen Vertretern initiiert und unterstützt, wodurch sie ein enorm großes politisches Interesse hervorruft. Weiterhin ist sie nicht nur auf eine einzelne Partei hin orientiert, sondern parteiübergreifend konzipiert, so dass politische Interessen dem eigentlichen Ziel von „Daheim statt Heim" nicht im Weg stehen, sondern dass es tatsächlich nur um die Interessen der betroffenen Menschen mit Behinderung und alten Menschen geht.

Als inhaltliche Aspekte, werden von den Befragten zum Beispiel die Tatsachen als positiv formuliert, dass die Bundesinitiative klare und eindeutige Forderungen stellt, dass sie außerdem die Eigenverantwortlichkeit und Wahlfreiheit für Menschen mit Behinderung und Pflegebedarf stärken will und das Konzept von 'Community Living' unterstützt.

Weiterhin wird die gute Zusammenarbeit der Mitwirkenden aus den unterschiedlichen gesellschaftlichen Bereichen positiv hervorgehoben.

- „Noch 2000 haben wir <u>vergeblich</u> versucht, das Heimproblem in den Bundestag reinzubringen („Heim-Enquete"), sind an den Profi-Interessen-Verbänden gescheitert. Heute kommt die Initiative <u>aus</u> dem Bundestag raus: politischer Fortschritt!"

- „Besonders positiv ist, dass es wirklich einzig und allein um den Menschen geht und dass die Initiative parteiübergreifend konzipiert ist."

- „Die Schwerpunkte sind hinreichend definiert, die Zielsetzung ist deutlich"

- „[Als besonders positiv bei „Daheim statt Heim" sehe ich, M.G.] Die klaren Forderungen und die Zusammenarbeit der unterschiedlichsten Akteure"

- „‚Daheim statt Heim' ist kein Sparvorschlag."

- „[Als besonders positiv bei „Daheim statt Heim" sehe ich, M.G.] Inhaltlich: Stärkung der Eigenverantwortlichkeit und Wahlfreiheit für Menschen mit Behinderung und Pflegebedarf; Unterstützung von ‚Community Living'."

- „Die Initiative wird von vielen Menschen mit unterschiedlichen Hintergründen (behinderte Menschen, Angehörigen, Politikern, Dienstleistern usw.[!] getragen. Dies ist sicher ein Novum gegenüber anderen Initiativen mit ansonsten gleicher oder ähnlicher Zielsetzung." (Aussagen von Befragten)

Werden Menschen mit schwerer geistiger und mehrfacher Behinderung und ihre Bedürfnisse in der Arbeit der Bundesinitiative ausreichend berücksichtigt?

Besonders mit Blick auf das selbstbestimmte Wohnen in der eigenen Wohnung ist es für den Personenkreis der Menschen mit schwerer geistiger und mehrfacher Behinderung sicherlich am aufwändigsten, entsprechende Wohn- und Unterstützungsmöglichkeiten zu schaffen. Dabei geht es vor allem um die Erwachsenen mit schwerer geistiger und mehrfacher Behinderung. Für Kinder mag es angemessen sein, wenn sie mit ausreichender Unterstützung für die Familien zu Hause bei ihren Eltern leben, bis sie erwachsen sind. Für erwachsene Menschen ist es allerdings völlig unpassend, wenn sie durch mangelnde Alternativen gezwungen sind, zu Hause bei ihren Eltern zu wohnen und weitestgehend von diesen versorgt und betreut zu werden.

Obwohl in der Bundesinitiative „Daheim statt Heim" so viele verschiedene Interessenvertreter und selbst Betroffene beteiligt sind, gibt es doch kein Mitglied der Bundesinitiative mit einer (schweren) geistigen Behinderung. Weiterhin wird (nach meiner Beobachtung während Erstunterzeichnertreffen und Treffen des Strategieteams) bei Diskussionen über die Umsetzung von Assistenzen und Wohnmöglichkeiten für Menschen mit Unterstützungs- und Pflegebedarf der Personenkreis der Menschen mit schwerer geistiger und mehrfacher Behinderung nur selten ausdrücklich erwähnt und berücksichtigt, obwohl hier sicher die meisten Überlegungen für eine konsequente Umsetzung notwendig wären.

Im Rahmen der Befragung der Mitwirkenden von „Daheim statt Heim" wurde zwar die Forderung nach mehr Mitwirkung durch Menschen mit Behinderungen im Bereich von politischen Gremien und auch in der Arbeit der Bundesinitiative gefordert. Meiner Meinung nach sollte aber noch mehr Wert darauf gelegt werden, dass speziell Menschen mit geistiger Behinderung in der Bundesinitiative mitwirken.

Trotzdem ist es durchaus formuliertes Ziel von „Daheim statt Heim" für alle Menschen mit Behinderung und für alle alten Menschen ein Leben innerhalb ihrer Gemeinden zu ermöglichen, welches sie weitestgehend selbstbestimmt gestalten können. Da die Vorschläge und Konzepte der Bundesinitiative jedoch noch relativ neu und theoretische formuliert sind, wird es sich vermutlich erst im Laufe der weiteren Entwicklungen zeigen, ob sie es in der praktischen Umsetzung schaffen wird, tatsächlich alle Menschen mit Unterstützungs- und Pflegebedarf zu berücksichtigen, unabhängig von der Art und Schwerer ihrer Behinderung.

- „Stärkung der Teilhabe von alten und behinderten Menschen. Mindestens 50% in den Gremien müssen alte oder behinderte Menschen selbst sein und bei [!]Heim statt Daheim [Verwechslung original im Fragebogen, M.G.]"
- „Gemeinsam das Ziel zu verfolgen, [… jedem Menschen, M.G.) – egal welchen alters und welcher Schwere der Behinderung […] ein Leben im eigenen sozialen Umfeld zu ermöglichen"
- „[Als Zielvorstellung verbinde ich mit „Daheim statt Heim", M.G.] Alles mir mögliche dafür zu tun, dass es irgendwann keine stationären Aussonderung mehr gibt"
- „Die Orientierung an den Menschen mit sehr hohem Unterstützungsbedarf muss das Maß der Dinge sein."
- „[Meiner Meinung nach profitieren besonders, M.G.] Menschen mit Behinderung, insbesondere auch Kinder mit Schwerst- und Mehrfachbehinderung, ältere Menschen mit Behinderung, ältere Menschen generell [von der Arbeit der Bundesinitiative, M.G.]" (Aussagen von Befragten)

<u>Sind sich die Mitglieder der Bundesinitiative über die Schwierigkeit im Zusammenhang mit dem sehr provokant formulierten Titel der Bundesinitiative bewusst und wenn ja, was unternehmen sie dagegen?</u>

Der Titel „Daheim statt Heim" führt vermutlich bei vielen Menschen dazu, dass die Bundesinitiative nicht so verstanden wird, wie dies ursprünglich geplant war. Von der ursprünglichen Idee her ging es den Initiatoren von „Daheim statt Heim" darum, dass alle Menschen mit Behinderungen und alle alten Menschen lieber in einem eigenen Zuhause leben wollen und sollen, als in einem Heim. Für viele Menschen bedeutet dies, dass sie in einer eigenen Wohnung allein mit Assistenz leben wollen. Für viele heißt es auch, dass sie bei ihren Familien leben und von ihnen mitversorgt und betreut werden – insbesondere für alte Menschen, die bei ihren Kindern leben, für Kinder mit Behinderungen, die bei ihren Eltern leben, sowie auch für Menschen mit Behinderung generell, wenn diese bei ihren Geschwistern oder anderen Angehörigen leben möchten. Dazu sollen aber die Familien auch die nötige Unterstützung in der Betreuung ihrer

Angehörigen erhalten, damit diese Betreuung nicht zu einer Belastung für die Familien wird.

Ein falsches Verständnis der Bundesinitiative kommt besonders häufig von Eltern behinderter Kinder. Diese Eltern haben auch bereits diverse Protestbriefe an die Initiative geschickt, in welchen sie zum Ausdruck bringen, dass sie sich durch die Forderungen von „Daheim statt Heim" bedroht fühlen. Sie empfinden die Last der Verantwortung für die Betreuung ihrer Kinder zu stark bei sich abgeladen. Es wird durch die Bundesinitiative nicht ausreichend transparent gemacht, dass nicht nur bestehende Heimplätze abgebaut und weitere Heimneubauten verhindert werden sollen, sondern dass ebenfalls die Bedingungen für die Betreuung von Kindern und Erwachsenen mit Behinderungen grundlegend verbessert werden sollen (zum Beispiel durch Assistenzen und familienentlastende Dienste) und dass ebenso Wohnformen geschaffen werden sollen als dezentrale, kleine, gemeindenahe Alternative zwischen Elternhaus und Heim.

Der Titel der Initiative kann aber auch von Kostenträgern falsch verstanden und ausgelegt werden, indem dieser bestätigt, dass erwachsene Menschen mit Behinderung Daheim bei ihren Eltern und Angehörigen am besten aufgehoben sind und dass es daher überflüssig ist, Wohnalternativen für sie zu schaffen. Dies wäre natürlich für die Kostenträger auch die billigere Alternative. Dieses Missverständnis innerhalb der Forderungen der Bundesinitiative „Daheim statt Heim", wäre auch eine Erklärung dafür, dass sich viele große Einrichtungsträger und Verbände der Behindertenhilfe (zum Beispiel die Caritas oder die Diakonie) gegen die Arbeit der Bundesinitiative sträuben und sie nicht unterstützen wollen.

Auf die Frage, wie die Mitglieder der Bundesinitiative reagieren, wenn es zu solchen Missverständnissen in der Auslegung ihrer Arbeit kommt, habe ich die unterschiedlichsten Antworten erhalten. In einer der Antworten wurde deutlich, dass der Befragte offensichtlich den Inhalt der Frage nicht richtig verstanden hatte und sich wahrscheinlich dieser Problematik nicht bewusst war (vgl. Fragebogen Karl Finke). Ein anderer Proband antwortete, dass es sich hierbei nicht um ein Missverständnis handle, sondern um die Umsetzung des gesetzlichen Anspruchs von 'ambulant vor stationär'. Er fügte allerdings hinzu, dass (fast) jeder wisse, dass für erwachsene Menschen mit Behinderung das Elternhaus nicht die geeignete Wohnform wäre. Die vielen empörten

Elternbriefe sprechen allerdings dagegen, dass dies so eindeutig und allgemein anerkannt ist. Die anderen vier Befragten machten deutlich, dass sie bereits mit solchen Missverständnissen konfrontiert worden sind. Als Reaktionen darauf gaben sie Erklärungen, dass es „Daheim statt Heim" nicht um den ersatzlosen Abbau von Heimplätzen ginge, sondern dass es stattdessen von besonderer Bedeutung sei, dezentrale und gemeindenahe Wohnformen für alle Menschen mit Unterstützungsbedarfen aufzubauen. Außerdem setzt sich die Bundesinitiative auch für den weiteren Ausbau von Unterstützungs- und Assistenzleistungen für Betroffene und ihre Angehörigen ein. Besonders betont wird die geforderte Wahlmöglichkeit für Menschen mit Behinderungen. Es soll ihnen freigestellt sein, sowohl bei ihren Angehörigen, als auch in einer eigenen Wohnung mit der entsprechenden Unterstützung leben zu können.

- „kein Mißverständnis! vielmehr Bürger- und Menschenrecht und seit 1961 (=BSHG) gesetzliche Vorschrift: ambulant vor stationär – für alle. Daß für Erwachsene nicht mehr Eltern, sondern „eigene 4 Wände" gefragt sind, weiß heute (fast) jeder."

- „zeitgleich mit der Forderung der Auflösung von Heimstrukturen [muss auch immer, M.G.] die adäquate Finanzierung ambulanter Strukturen gefordert werden."

- „Dass der Titel provozieren soll, geben wir offen zu und betonen, dass der Heimabbau nicht von heute auf morgen gehen wird, sondern dass zeitgleich ambulante Strukturen etc. aufgebaut werden müssen."

- „[Alle Menschen mit Behinderung, M.G.] sollen [...] selbst wählen können, wo sie leben wollen und dort die Unterstützung bekommen, die sie brauchen. Wer bei Angehörigen leben will und wo diese das auch wollen, soll das tun und auch dort Unterstützung bekommen, dass es nicht zu Überlastungen kommt, wer nicht, soll wie jede/r andere auch wählen können."

- „Ich weise stets auf die Notwendigkeit hin, in jedem Falle die notwendige Unterstützung in der eigenen Häuslichkeit zur Verfügung zu stellen."

- „Wir machen den Menschen klar, dass wir die Arbeit der Angehörigen sehr schätzen. Doch die meisten sehen die Notwendigkeit der Assistenz."

- „Ambulant heißt nicht mit oder ohne Familie allein gelassen zu werden, sondern unterschiedliche Unterstützungsangebote vorzufinden, die den individuellen Bedürfnissen gerecht werden." (Aussagen von Befragten)

Zusammenfassend ist anhand der Analyse der beantworteten Fragebögen zu erkennen, dass die Bundesinitiative „Daheim statt Heim" trotz ihrer hohen Heterogenität bezüglich ihrer Mitglieder ein recht einheitliches und geschlossenes Bild nach außen vermittelt. Die Grundantworttendenzen waren in allen Interviews ähnlich oder gleich. Es ist zwar sehr deutlich, dass die Befragten ihre persönlichen Schwerpunkte für die Arbeit von „Daheim statt Heim" stark an ihrem jeweiligen Tätigkeitsfeld ausrichten, diese sind allerdings nicht widersprüchlich oder gegensätzlich, sondern gliedern sich gut in eine gemeinsame Zielperspektive ein. Jeder der Befragten beleuchtete mit seinen Antworten einen anderen Ausschnitt der Bundesinitiative, wodurch sich die Antworten sehr gut ergänzten.

Ein auffälliger Aspekt in der Auswertung der Fragebögen ist, dass keiner der Befragten auf die Neugestaltung der Heimgesetze vonseiten der Bundesländer eingegangen ist, obwohl ausdrücklich nach gesetzlichen Voraussetzungen für die Umsetzung der Ziele von „Daheim statt Heim" gefragt wurde. Besonders vor dem Hintergrund, dass die Bundesinitiative eine eigene Arbeitsgruppe für die Ausformulierung eines eigenen Gesetzentwurfes gegründet hat, ist diese Lücke in den Antworten auffällig. Zumal der Abbau aller Heimplätze, welchen die Bundesinitiative fordert, sicherlich noch viel Zeit in Anspruch nehmen wird, ist es umso wichtiger, die Bedingungen besser zu kontrollieren und zu verbessern, unter denen die Menschen leben, die bislang noch in Heimen untergebracht sind.

6. Abschließende Gedanken

Ich habe mich in der Ausarbeitung meiner Diplomarbeit eingehend mit der Entwicklung von Wohnmöglichkeiten und von Angeboten der Unterstützung für selbstbestimmte und selbstständige Wohnformen für Menschen mit geistiger Behinderung befasst. Zunächst muss ich feststellen, dass im Laufe der Zeit und besonders durch die aktuelleren Entwicklungen eine kontinuierliche Verbesserung der Wohn- und Lebensumstände für Menschen mit Behinderungen erreicht worden ist. In der wissenschaftlichen und fachlichen Diskussion um die Lebensbedingungen von Menschen mit geistiger Behinderung hat man inzwischen eine weitestgehende Übereinstimmung darin erreicht, dass die Unterbringung in Heimen und Großeinrichtungen außerhalb von Städten und Gemeinden weder den Wünschen und Bedürfnissen der Menschen mit geistiger Behinderung entspricht, noch ihrem Recht auf Gleichberechtigung, auf Selbstverwirklichung und auf Teilhabe am gesellschaftlichen Leben. Auch im politischen Bereich kommt man zu der Einsicht, dass das Verbot der Benachteiligung und die Bestrebungen nach Gleichberechtigung und Teilhabe, welche seit Jahren im Gesetz verankert sind, in den vergangenen Jahren nicht ausreichend umgesetzt wurden und dass es daher auch im politischen Bereich notwendig ist, mehr und aktiver auf die konsequente Umsetzung dieser gesetzlichen Vorgaben hinzuwirken. Nicht zuletzt war die UN-Konvention über die Rechte von Menschen mit Behinderungen ein wichtiger Schritt, um die Machthabenden aufzurütteln und ihnen klarzumachen, dass es an der Zeit ist, für die Umsetzung der Menschenrechte von Menschen mit Behinderungen aktiv zu werden.

Ein Meilenstein in der Anerkennung der Notwendigkeit von Veränderungen im Bereich der Wohnmöglichkeiten für Menschen mit Behinderungen im politischen Bereich, ist wohl die Gründung der Bundesinitiative „Daheim statt Heim" im Dezember 2006. Diese Initiative kommt in erster Linie aus der Politik und hat dort auch viele wichtige und einflussreiche Unterstützer gefunden. Sie beschränkt sich aber nicht nur auf diesen Bereich, sondern hat erfolgreich die Zusammenarbeit mit Menschen gesucht, die selbst von Behinderung betroffen sind, sowie mit Interessenvertretungen betroffener Menschen, mit Vertretern aus der Wissenschaft der Rehabilitationspädagogik und ebenso mit Personen, die in der direkten Arbeit für und mit Menschen mit

Behinderungen tätig und für deren konkrete Ausgestaltung verantwortlich sind. Diese gewinnbringende Mischung aus Vertretern der unterschiedlichsten Tätigkeitsbereiche rund um die Arbeit für und mit Menschen mit Behinderungen hat in dem einen Jahr, seit welchem sie bereits existiert, einen erstaunlich hohen Bekanntheitsgrad erreicht. Die Bundesinitiative „Daheim statt Heim" wird sowohl in politischen Diskussionen, als auch in der Fachwissenschaft, der Presse und innerhalb der Verbände der Behindertenhilfe diskutiert. Diese Diskussionen sind zwar nicht in allen Bereichen positiv, aber sie zeigen dennoch, welchen großen Einfluss diese Initiative zu haben scheint.

Ich habe mich in dieser Arbeit ausführlich mit der Bundesinitiative, mit ihrer Entwicklung im vergangenen Jahr und auch mit der Planung von zukünftigen Schritten und Aktionen beschäftigt. Im Verlauf meiner Recherchen und meiner Befragung von Mitgliedern von „Daheim statt Heim" bin ich zu der Überzeugung gekommen, dass die Bundesinitiative tatsächlich ein ausgesprochen großes Tätigkeitsfeld hat und im Vergleich zu anderen Initiativen mit ähnlicher Zielstellung ein breiteres öffentliches Interesse und einen höheren Bekanntheitsgrad als viele andere Initiativen zu verzeichnen hat. Ebenso bringt die große Heterogenität innerhalb der Mitwirkenden von „Daheim statt Heim" der Initiative den Vorteil, dass sie nicht der Gefahr ausgesetzt ist, bestimmte Aspekte ihrer Arbeit nur einseitig zu beleuchten und andere aus den Augen zu verlieren. Durch die Vertreter von verschiedensten Interessengruppen werden in den Diskussionen innerhalb der Initiative zumeist alle wichtigen Aspekte eines Themas berücksichtigt und ausgeleuchtet.

Ich habe allerdings in meinen Beobachtungen der Arbeit der Bundesinitiative und zum Teil auch aus den von mir durchgeführten Befragungen den Eindruck gewonnen, dass die Bundesinitiative durch die Vielfältigkeit ihrer selbst gewählten Aufgaben und Zielsetzungen in die Gefahr gerät, handlungsunfähig zu werden. Dies sehe ich darin begründet, dass sich die Bundesinitiative nicht zunächst auf die Erreichung von kleinen Zielen beschränkt, sondern in allen ihren Handlungen darauf bedacht ist, alle alten Menschen und alle Menschen mit Behinderungen, egal welchen Alters, und unabhängig von der Art und dem Schweregrad der Behinderung zu berücksichtigen. Weiterhin lassen die Vertreter von „Daheim statt Heim" keine Alternativen zu der recht radikal gewählten Forderung nach einem vollständigen Abbau aller Heimplätze und einer kompletten Ersetzung dieser Wohnformen durch kleine, dezentrale und gemeindenahe Wohnalternativen und Unterstützungsangebote zu. Aus ideologischer Sicht mag diese Konsequenz in den Forderungen und Handlungen der Bundesinitiative zwar gerechtfertigt sein, sie weckt aber leider bei vielen Personen, die sich mit der Arbeit von „Daheim statt Heim" beschäftigen, den Eindruck, dass eine tatsächliche Umsetzung dieser Ziele kaum oder gar nicht gewährleistet werden könnte und die Bundesinitiative gerät dadurch meiner Meinung nach in die Gefahr, unglaubwürdig zu wirken.

Natürlich ist es nach kaum einem Jahr Tätigkeit von „Daheim statt Heim" ausgesprochen schwierig, wenn nicht unmöglich, die praktische Arbeit der Bundesinitiative umfassend zu beurteilen. Zudem hatte ich während der Treffen der Erstunterzeichner und des Strategieteams nur einen sehr begrenzten Einblick in die Arbeit der Bundesinitiative. Die konkrete Arbeit in den Arbeitsgemeinschaften kann ich nicht beurteilen, da es dazu keine öffentlichen Ausführungen gibt.

Außerdem muss berücksichtigt werden, dass es der Initiative in diesem ersten Jahr vorrangig um den Ausbau und die organisatorische Ausgestaltung von „Daheim statt Heim" gehen musste. Wichtige Ziele und Erfolge in diesem Jahr waren zum Beispiel die Gewinnung von über tausend Unterstützern aus allen gesellschaftlichen Bereichen, das Bekanntmachen der Initiative und ihrer Ziele auf politischer und öffentlicher Ebene, sowie die Gründung eines Fördervereins für die Bundesinitiative, um finanzielle Mittel für die direkte Arbeit und die Unterstützung von anderen Initiativen und Aktionen für den Ausbau von gemeindenahen Wohnformen für Menschen mit Behinderungen und für alte Menschen zu gewinnen. Ich denke, es wird sich erst in den kommenden Jahren zeigen, ob und wie es die Bundesinitiative „Daheim statt Heim" schaffen wird, ihre großen und wichtigen Ziele umzusetzen und zu verwirklichen.

7. Literaturverzeichnis

BACKHAUS-MAUL, H./EBERT, O./JAKOB, G./OLK, Th. (Hrsg.): Bürgerschaftliches Engagement in Ostdeutschland. Potenziale und Perspektiven. Opladen 2003

BANK-MIKKELSEN, N.E.: Das dänische Verständnis von Normalisierung und seine Umsetzung in ein System von Hilfs- und Pflegediensten zur Integration. Kopenhagen 1982

BECK, I.: Das Konzept der Lebensqualität: eine Perspektive für Theorie und Praxis der Hilfen für Menschen mit einer geistigen Behinderung. In: JAKOBS, H./KÖNIG, A./THEUNISSEN, G. (Hrsg.): a.a.O. 1998, S. 348-388

BOLLNOW, O.: Mensch und Raum. 5. Aufl., Stuttgart, Berlin, Köln, Mainz 1984

BRADL, C./STEINHART, I. (Hrsg.): Mehr Selbstbestimmung durch Enthospitalisierung: Kritische Analysen und neue Orientierungen für die Arbeit mit geistig behinderten Menschen. Bonn 1996

Bundesarbeitsgemeinschaft der überörtlichen Träger der Sozialhilfe: Empfehlungen – Beschreibung der Wohnformen für Behinderte und sachliche Zuständigkeit. Karlsruhe 12.03.1987

Bundesvereinigung Lebenshilfe für geistig Behinderte e.V. (Hrsg.): Selbstständigere und neuere Wohnformen. Bericht über eine Veranstaltung der Bundesvereinigung Lebenshilfe. Marburg/Lahn 1990

Bundesvereinigung Lebenshilfe für geistig Behinderte e.V. (Hrsg.): Wohnen heißt zu Hause sein. Handbuch für die Praxis gemeindenahen Wohnens von Menschen mit geistiger Behinderung. 2. Aufl., Marburg 1995

Bundesvereinigung Lebenshilfe für Menschen mit geistiger Behinderung e.V. (Hrsg.): Geistige Behinderung. Nr. 3/94

Bundesvereinigung Lebenshilfe für Menschen mit geistiger Behinderung e.V. (Hrsg.): Geistige Behinderung. Nr. 4/94

Bundesvereinigung Lebenshilfe für Menschen mit geistiger Behinderung e.V. (Hrsg.): Rechtsdienst der Lebenshilfe. Nr. 1/07, März 2007

Bundesvereinigung Lebenshilfe für Menschen mit geistiger Behinderung e.V. (Hrsg.): Rechtsdienst der Lebenshilfe. Nr. 2/07, Juni 2007

DÖRNER, K.: „Enthospitalisierung" aus sozialpsychiatrischer Sicht – am Beispiel des Landeskrankenhauses Gütersloh. In: THEUNISSEN, G. (Hrsg.): a.a.O. 1998, S. 31-42

DÖRNER, Klaus: Deinstitutionalisierung von Heimen – neue Voraussetzungen für neue Heimgesetze der Länder 2007(a) (Anhang 5)

DÖRNER, K.: Leben und sterben, wo ich hingehöre. Dritter Sozialraum und neues Hilfesystem. Neumünster 2007(b)

DÜRR, W. Unter Mitarb. v. AISENBREY, P.: Alternative Wohnform zur Anstalt. Der Prozess der Selbststabilisierung Unterstützten Wohnens. München, Mering 1998

DWORSCHAK, W.: Lebensqualität von Menschen mit geistiger Behinderung. Theoretische Analysen, empirische Erfassung und grundlegende Aspekte qualitativer Netzwerkanalyse. Bad Heilbrunn 2004

DYBWAD, G.: Notwendige Konsequenzen (für die USA von heute). In: KUGEL, R.B./WOLFENSBERGER, W.: a.a.O. 1974

EMPOWERMENT & INKLUSOIN. Schlagworte oder realistische Perspektive? Lösungswege für die Praxis der Behindertenhilfe. Dokumentation der Fachtagung vom 19. – 20. April 2007 in Halle (Saale). Download unter: http://www.projekt-ideal.de/de/verein/fachtagung-2007/, eingesehen am 27.10.2007, um 14.29 Uhr

FISCHER, U./HAHN, M. Th./KLINGMÜLLER, B./SEIFERT, M. (Hrsg.): Urbanes Wohnen für Erwachsene mit schwerer geistiger Behinderung. Herausforderung – Realität – Perspektiven. Reutlingen 1996

Förderverein der Bundesinitiative Daheim statt Heim. Satzung des Vereins (Anhang 3)

GOFFMAN, E.: Asyle. Über die soziale Situation psychischer Patienten und anderer Insassen. Frankfurt 1973

HÄHNER, U.: Von der Verwahrung über die Förderung zur Selbstbestimmung. Fragmente zur geschichtlichen Entwicklung der Arbeit mit „geistig behinderten Menschen" seit 1945. In: HÄHNER, U./NIEHOFF, U./SACK, R./WALTER, H.: a.a.O. 1998, S. 25-51

HÄHNER, U./NIEHOFF, U./SACK, R./WALTER, H.: Vom Betreuer zum Begleiter. Eine Neuorientierung unter dem Paradigma der Selbstbestimmung. 2. Aufl., Marburg 1998

HASENAUER, Ch.: Leben in der Gemeinde von Menschen mit hohem Unterstützungsbedarf – am Beispiel der Lebenshilfe Gießen. In: THEUNISSEN, G./SCHIRBORT, K. (Hrsg.): a.a.O. 2006, S. 176-183

Heimgesetz (HeimG). Ausfertigungsdatum: 07.08.1974, Stand: Neugefasst durch Bek. v. 5.11.2001 I 2970; zuletzt geändert durch Art. 78 V v. 31.10.2006 I 2470

HERRIGER, N.: Empowerment von Menschen mit Behinderung – Eine kritische Reflexion. In: EMPOWERMENT & INKLUSOIN. a.a.O. 2007, S. 9-16

HOFFMANN, C.: Enthospitalisierung und Deinstitutionalisierung – Einführung in die Leitterminologie. In: THEUNISSEN, G./LINGG, A. (Hrsg.): a.a.O. 1999, S. 16-27

IGLHAUT, G.: Ein Wohnstättenverbundsystem vom Wohnheim bis zur Einzelwohnung. In: Bundesvereinigung Lebenshilfe für geistig Behinderte e.V. (Hrsg.): a.a.O. 1990, S. 16-24

Included in Society. Ergebnisse und Empfehlungen der europäischen Studie über gemeindenahe Wohnangebote für Menschen mit Behinderungen. Download unter: www.community-living.info, eingesehen am 15.08.2007, um 18.47 Uhr

Interessenvertretung Selbstbestimmt Leben e.V. (Hrsg.): Selbstbestimmt Leben – Das Original. Neun Interviews aus der Behindertenbewegung. Hamburg 2006

JAHN, G.: „Betreutes Einzelwohnen" bei der Lebenshilfe Berlin. In: Bundesvereinigung Lebenshilfe für geistig Behinderte e.V. (Hrsg.): a.a.O. 1990, S. 75-85

JAKOBS, H./KÖNIG, A./THEUNISSEN, G. (Hrsg.): Lebensräume – Lebensperspektiven. Ausgewählte Beiträge zur Situation Erwachsener mit geistiger Behinderung. 2., völlig neu bearb. Aufl., Butzbach-Griedel 1998

KNUST-POTTER, E.: We can change the future. Self-Advocacy-Gruppen in Großbritannien. In: Geistige Behinderung 4/94, S. 319- 330

KRÄLING, K.: Einleitung. In: Bundesvereinigung Lebenshilfe für geistig Behinderte e.V. (Hrsg.): a.a.O. 1995, S. 11-12

KUGEL, R.B./WOLFENSBERGER, W.: Geistig Behinderte – Eingliederung oder Bewahrung, Stuttgart 1974

KUPPE, G.: Enthospitalisierung aus sozialpolitischer Sicht – am Beispiel der Position des Landes Sachsen-Anhalt. In: THEUNISSEN, G. (Hrsg.): a.a.O. 1998, S. 15- 30

Kurzkonzeption Kompetenzzentrum „Daheim statt Heim" Berlin, vorgelegt am 02. Juli 2007 (Anhang 4)

LAMNEK, S.: Qualitative Sozialforschung. Lehrbuch. 4., vollständig überarb. Aufl., Weihnheim, Basel 2005

Leitgedanken und Inhalte für Länderregelungen zur Ablösung des HeimG. Erster Diskussionsentwurf der Arbeitsgruppe der Sozialressorts der Länder Brandenburg, Bremen, Mecklenburg-Vorpommern, Rheinland-Pfalz, Sachsen-Anhalt, Schleswig-Holstein unter Mitwirkung von Berlin. Stand: 10. Dezember 2006 (Anhang 1)

MAAS, Th.: Community Care in der Evangelischen Stiftung Alsterdorf. In: THEUNISSEN, G./SCHIRBORT, K. (Hrsg.): a.a.O. 2006, S. 141-169

MAAS, Th.: Community Care. In: EMPOWERMENT & INKLUSOIN. a.a.O. 2007, S. 28-38

MASLOW, A.H.: Motivation und Persönlichkeit. Olten 1978

Meyer, H.: Geistigbehindertenpädagogik. In: SOLAROVÁ, S. (Hrsg.): a.a.O. 1983, S. 84-119

NIEHOFF, U.: Wege zur Selbstbestimmung. In: Geistige Behinderung 3/94, S. 186- 201

NIRJE, B.: Das Normalisierungsprinzip und seine Auswirkungen in der fürsorglichen Betreuung. In: KUGEL, R.B./WOLFENSBERGER, W.: a.a.O. 1974

121

RAUSCHER, C.: „Ein eigenes Leben in der Gemeinde führen" – Wohn- und Lebenswünsche von Menschen mit Behinderung. In: WACKER, E./BOSSE, I./DITTRICH, T./NIEHOFF, U./SCHÄFERS, M./WANSING, G./ZALFEN, B. (Hrsg.): a.a.O. 2005, S. 145-157

RIEDINGER, A.: Begleitetes Wohnen bei der Lebenshilfe Schweinfurt. In: Bundesvereinigung Lebenshilfe für geistig Behinderte e.V. (Hrsg.): a.a.O. 1990, S. 71-74

RONGEN, W.: Ein Bild einer Wohnung. Wohnwünsche von Menschen mit geistiger Behinderung. In: SEIFERT, R./ARENZ, F. (Hrsg.): a.a.O. 1998, S. 18-42

ROSENZWEIG, B./EITH, U. (Hrsg.): Bürgerschaftliches Engagement und Zivilgesellschaft. Ein Gesellschaftsmodell der Zukunft? Schwalbach 2004

SCHALOCK, R. L.: Moving From Individual To Family Quality Of Life As A Research Topic. In: TURNBULL, A./BROWN, I./RUTHERFORD TURNBULL III, H. (Hrsg.): a.a.O. 2004, S. 11-24

SCHMIDT, S./KÖRNER, I./AHRENS, S.: Brief an Eltern von Kindern mit Behinderung (PDF). April 2007, Download unter: www.bundesinitiative-daheim-statt-heim.de/aktuelles.php, eingesehen am 25.10.2007, 16.32Uhr

SCHWARTE, N./OBERSTE-UFER, R.: Indikatoren für Lebensqualität in Wohnstätten für erwachsene Menschen mit geistiger Behinderung. Konturen eines Forschungsprojektes. In: Bundesvereinigung Lebenshilfe für geistig Behinderte e.V. (Hrsg.): a.a.O. 1995, S. 243-252

SEIFERT, M.: Lebensqualität und Wohnen bei schwerer geistiger Behinderung. Theorie und Praxis. Reutlingen 1997

SEIFERT, M.: Wohnen – so normal wie möglich. In: JAKOBS, H./KÖNIG, A./THEUNISSEN, G. (Hrsg.): a.a.O. 1998, S. 150-190

SEIFERT, M.: Mehr Lebensqualität. Zielperspektiven für Menschen mit schwerer (geistiger) Behinderung in Wohneinrichtungen mit CHECKLISTEN zur Evaluation der professionellen Arbeit. Marburg 2003

SEIFERT, M./FORNEFELD, B./KOENIG, P.: Zielperspektive Lebensqualität. Eine Studie zur Lebenssituation von Menschen mit schwerer Behinderung im Heim. Bielefeld 2001

SEIFERT, R./ARENZ, F. (Hrsg.): Wohnen wie gewohnt? – Gewoon wonen? Wohnmöglichkeiten und Wohnwünsche von Menschen mit Behinderungen. Aachen : Mainz 1998

SIVUS Förderverein „Ver-rückte Grenzen" (Hrsg.): Kommunikation im Paradigmenwechsel. 3. mitteleuropäischer SIVUS-Kongress. Kongress-Bericht. Gmunden 2001

SPECK, O.: Menschen mit geistiger Behinderung und ihre Erziehung. Ein heilpädagogisches Lehrbuch. 7., aktualisierte und erg. Aufl., München, Basel 1993

SOLAROVÁ, S. (Hrsg.): Geschichte der Sonderpädagogik. Stuttgart, Berlin, Köln, Mainz 1983

Thesenpapier zur Bundesinitiative „Daheim statt Heim". Thesen zur Erläuterung und Differenzierung, Download unter: http://www.bundesinitiative-daheim-statt-heim.de/positionen.php, eingesehen am 13.07.2007, 21.08Uhr

THESING, Th.: Betreute Wohngruppen und Wohngemeinschaften für Menschen mit geistiger Behinderung. 3., neubearb. und erg. Aufl., Freiburg im Breisgau 1998

THEUNISSEN, G.: Enthospitalisierung in Deutschland. In: BRADL, C./STEINHART, I. (Hrsg.): a.a.O. 1996, S. 67-93

THEUNISSEN, G.: Wege aus der Hospitalisierung. Empowerment in der Arbeit mit schwerstbehinderten Menschen. 4., völlig neubearb. und erw. Aufl., Bonn 1999

THEUNISSEN, G.: Wohneinrichtungen und Gewalt – Zusammenhänge zwischen institutionellen Bedingungen und Verhaltensauffälligkeiten als 'verzweifelter' Ausdruck von Selbstbestimmung. In: THEUNISSEN, G. (Hrsg.): a.a.O. 2000(a), S. 73-105

THEUNISSEN, G.: Von der Fremdbestimmung zur Selbstbestimmung. Impulse für die Arbeit mit Menschen, die als geistig behindert gelten. In: SIVUS Förderverein „Ver-rückte Grenzen" (Hrsg.): a.a.O. 2001, S. 12-21

THEUNISSEN, G.: Krisen und Verhaltensauffälligkeiten bei geistiger Behinderung und Autismus. Stuttgart 2003

THEUNISSEN, G.: Inklusion, Partizipation und Empowerment. Gemeindeintegriertes Wohnen von Menschen mit geistiger Behinderung und hohem Assistenzbedarf. In: WACKER, E./BOSSE, I./DITTRICH, T./NIEHOFF, U./SCHÄFERS, M./WANSING, G./ZALFEN, B. (Hrsg.): a.a.O. 2005, S. 213-223

THEUNISSEN, G.: Beratung – Krisenintervention – Unterstützungsmanagement. In: THEUNISSEN, G./SCHIRBORT, K. (Hrsg.): a.a.O. 2006(a), S. 193-229

THEUNISSEN, G.: Zeitgemäße Wohnformen – Soziale Netze – Bürgerschaftliches Engagement. In: THEUNISSEN, G./SCHIRBORT, K. (Hrsg.): a.a.O. 2006(b), S. 59-96

THEUNISSEN, G.: Inklusion – Perspektiven für die Behindertenarbeit unter Berücksichtigung des Wohnens und Lebens in der Gemeinde von Menschen mit Lernschwierigkeiten und mehrfachen Behinderungen. In: EMPOWERMENT & INKLUSOIN. a.a.O. 2007, S. 17-27

THEUNISSEN, G. (Hrsg.): Enthospitalisierung – ein Etikettenschwindel? Neue Studien, Erkenntnisse und Perspektiven der Behindertenhilfe. Bad Heilbrunn 1998

THEUNISSEN, G. (Hrsg.): Verhaltensauffälligkeiten – Ausdruck von Selbstbestimmung? Wegweisende Impulse für die heilpädagogische, therapeutische und alltägliche Arbeit mit geistig behinderten Menschen. Bad Heilbrunn 2000(b)

THEUNISSEN, G./LINGG, A. (Hrsg.): Wohnen und Leben nach der Enthospitalisierung. Perspektiven für ehemals hospitalisierte und alte Menschen mit geistiger und seelischer Behinderung. Bad Heilbrunn/ Obb.: Klinkhardt 1999

THEUNISSEN, G./PLAUTE, W.: Handbuch Empowerment und Heilpädagogik. Freiburg im Breisgau 2002

THEUNISSEN, G./SCHIRBORT, K. (Hrsg.): Inklusion von Menschen mit geistiger Behinderung. Zeitgemäße Wohnformen – Soziale Netze – Unterstützungsangebote. Stuttgart 2006

TURNBULL, A./BROWN, I./RUTHERFORD TURNBULL III, H. (Hrsg.): Families and Persons With Mental Retardation and Quality of Life: International Perspectives. Washington, DC 2004

TV-Interview Herr Scharenberg (Stiftung Alsterdorf Hamburg) zur Ambulantisierung, Download unter: www.bundesinitiative-daheim-statt-heim.de/presse.php, eingesehen am 30.10.2007, 17.32Uhr

Unterstützer Newsletter der Bundesinitiative „Daheim statt Heim", vom 22. Februar 2007 (Anhang 2)

WACKER, E./BOSSE, I./DITTRICH, T./NIEHOFF, U./SCHÄFERS, M./WANSING, G./ZALFEN, B. (Hrsg.): Teilhabe. Wir wollen mehr als nur dabei sein. Marburg 2005

WANSING, G.: Wohnqualität. In: WACKER, E./BOSSE, I./DITTRICH, T./NIEHOFF, U./SCHÄFERS, M./WANSING, G./ZALFEN, B. (Hrsg.): a.a.O. 2005, S. 143-144

WEINWURM-KRAUSE, E.-M.: Grundlagen der Wohnpsychologie. In: WEINWURM-KRAUSE, E.-M. (Hrsg.): a.a.O. 1999(a), S. 13-75

WEINWURM-KRAUSE, E.-M. (Hrsg.): Autonomie im Heim. Auswirkungen des Heimalltags auf die Selbstverwirklichung von Menschen mit Behinderung. Heidelberg 1999(b)

WOLF, P.: Bauen und Bauten für geistig Behinderte. 2. Aufl., Luzern 2003

WÜLLENWEBER, E./ THEUNISSEN, G. (Hrsg.): Handbuch Krisenintervention. Hilfen für Menschen mit geistiger Behinderung. Stuttgart 2001

WÜLLENWEBER, E./ THEUNISSEN, G. (Hrsg.): Handbuch Krisenintervention Band 2. Praxis und Konzepte zur Krisenintervention bei Menschen mit geistiger Behinderung. Stuttgart 2004

www.behindertenbeauftragter-niedersachsen.de, eingesehen am 30.10.2007, 15.37Uhr

www.bundesinitiative-daheim-statt-heim.de, eingesehen am 22.10.2007, 13.52Uhr

www.bundesinitiative-daheim-statt-heim.de/files/Pers_Doerner.pdf, eingesehen am 23.10.2007, 20.42Uhr

www.bundesinitiative-daheim-statt-heim.de/files/Pers_elkeBartz.pdf, eingesehen am
23.10.2007, 19.50Uhr

www.bundesinitiative-daheim-statt-heim.de/files/Pers_Finke.pdf, eingesehen am 23.10.2007,
20.04Uhr

www.bundesinitiative-daheim-statt-heim.de/files/Pers_OMiles-Paul.pdf, eingesehen am
23.10.2007, 19.57Uhr

www.bundesinitiative-daheim-statt-heim.de/files/presse/pm061201/SD_Alsterdorf.pdf,
eingesehen am 23.10.2007, 20.34Uhr

www.bundesinitiative-daheim-statt-heim.de/unterstuetzerliste.php, eingesehen am 29.10.2007,
15.21Uhr

www.forsea.de/archiv/archiv_2003_03_Prof_Doerner.shtml, Offener Brief an den
Bundestagspräsidenten, den Bundespräsidenten und den Bundeskanzler, Hamburg, den
06.05.2003, eingesehen am 01.11.2007, 11.39Uhr

www.kobinet-nachrichten.org/archiv, eingesehen am 22.10.2007, 14.36Uhr

www.ohrfunk-kompakt.podspot.de/post/interview-mit-silvia-schmitt-daheim-statt-heim,
eingesehen am 22.10.2007, 18.13Uhr

Anhang 1: Leitgedanken und Inhalte für Länderregelungen zur Ablösung des HeimG

Leitgedanken und Inhalte
für Länderregelungen zur Ablösung des HeimG

**Erster Diskussionsentwurf der Arbeitsgruppe der Sozialressorts der Länder
Brandenburg, Bremen, Mecklenburg-Vorpommern,
Rheinland-Pfalz, Sachsen-Anhalt, Schleswig-Holstein
unter Mitwirkung von Berlin**

Stand: 10. Dezember 2006

Vorbemerkung:

Seit der Schaffung des HeimG im Jahr 1974 hat sich die Betreuung von Menschen mit Pflegebedarf oder Behinderung stark gewandelt. Orientiert an dem Wunsch der Betroffenen nach möglichst eigenständigem Leben auch bei Hilfebedarf, haben sich viele Heime geöffnet für neue Versorgungskonzepte, die dem Gedanken der Selbstbestimmung und Teilhabe stärker Rechung tragen wollen. In der Praxis erprobt werden vielfältige Angebotsformen, die auch ambulante und teilstationäre Hilfen integrieren und insbesondere den Bedürfnissen von Menschen mit Demenz entsprechen.

Mit der Einführung des SGB XI und der Reform des SGB XII wurden Instrumente der Qualitätssicherung für ambulante und stationäre Einrichtungen geschaffen, die der Gewährleistung von fachlich und wissenschaftlich definierten Versorgungsstandards dienen. Die künftigen ordnungsrechtlichen Ländergesetze zur Ablösung des HeimG haben diese Entwicklung vor allem hinsichtlich der Frage des Schutzbedarfs der Betroffenen, der Ziele des Gesetzes und der Tätigkeit von Aufsichtsbehörden zu berücksichtigen.

Das vorliegende Thesenpapier konkretisiert Reformansätze, die bereits im Rahmen der ASMKen von 2005 und 2006 beschlossen wurden. Darüber hinaus skizzieren weiterführende Leitsätze das Konzept für eine zukunftsweisende Ausrichtung von Ländergesetzen, die der Sicherung von Qualität und Fachlichkeit von Einrichtungen dienen, in denen Menschen mit Pflegebedarf oder Behinderung leben und betreut werden.

Aufgrund der noch offenen Frage der Gesetzgebungskompetenz der Länder für das Heimvertragsrecht werden hierzu noch keine Vorschläge vorgelegt.

127

Zu den Inhalten im Einzelnen:

1. Der Begriff „Heim" – ein überholtes Kriterium

Mit der grundsätzlichen Loslösung vom überkommenen Begriff des „Heimes" erfolgt eine Öffnung für die Vielfalt neuer Wohn- und Betreuungsformen für Menschen mit Pflegebedarf oder Behinderung. Der Anwendungsbereich des Gesetzes soll künftig maßgeblich von den Kriterien der freien Wählbarkeit und Entgeltlichkeit der Leistungen Wohnen, Betreuung und Verpflegung bestimmt werden. Somit richtet sich die Aufsichtspflicht und der Umfang der Aufsicht nicht danach, ob die Einrichtungen leistungsrechtlich stationär oder ambulant behandelt werden. Selbst organisierte Wohnformen sollen aufsichtsfrei bleiben.

Es wird vorgeschlagen, auch zukünftig die ordnungsrechtlichen Regelungen auf die Situationen zu begrenzen, in denen Betroffene einen besonderen Schutzbedarf aufweisen. Daher ist eine Ausdehnung der Anwendung des Ordnungsrechts auf alle Versorgungsangebote nicht vorgesehen.

Entscheidend für die Anwendung der Gesetze ist das Vorliegen von Fremdbestimmung in Bezug auf „weitergehende Betreuung" und Verpflegung. Maßgeblich ist demnach, dass die Bewohnerinnen und Bewohner rechtlich und tatsächlich in der Lage sind, die gegenwärtigen Anbieter von „weitergehenden Betreuungsangeboten" und Verpflegung zu wechseln. In den Fällen eines gemeinschaftlichen Betreuungs- und Pflegearrangements ist diese Wechselmöglichkeit dann gegeben, wenn die Bewohner (bzw. für sie ihre Angehörige und Betreuer) sich zu einer Auftraggebergemeinschaft zusammenschließen und mit Mehrheit über die Beauftragung der Dienstleister entscheiden. Bis auf den Sonderfall der Minderheit in einer Auftraggebergemeinschaft ist jedoch derjenige auf einen besonderen ordnungsrechtlichen Schutz angewiesen, der Dienstleistungen aus rechtlichen oder tatsächlichen Gründen nur durch Auszug aus seinem Zuhause wechseln kann.

Diskutiert wird, ob gemeinschaftliche Wohn- und Betreuungsformen, die von ambulanten Diensten oder Pflegeanbietern initiiert werden, anzeigepflichtig gemacht werden, um sie frühzeitig ordnungsrechtlich zu bewerten und damit den Bewohnerinnen und Bewohnern und den Dienstleistern Rechtssicherheit zu geben.

Die Abgrenzung zwischen dem klassischen „Betreuten Wohnen" (§ 1 Abs. 2 HeimG a.F.) und der ordnungsrechtlich relevanten Wohnform ist im heutigen Heimrecht im Grundsatz sinnvoll gezogen und soll auch in den Ländergesetzen beibehalten werden.

Die Einbeziehung der Tages- und Nachtpflege in den Schutzbereich der Ländergesetze ist noch offen.

2. Starker Verbraucherschutz – ein Mehr an Qualität

Der Verbraucherschutz wird gestärkt. Die Aufsichtsbehörden erhalten diesbezüglich Aufgaben und Befugnisse. Ein funktionierender Verbraucherschutz kann erheblich zur Qualitätssicherung und –entwicklung beitragen und entspricht den Erwartungen der Bürgerinnen und Bürger.

Um den Rechten und Interessen der Bewohnerinnen und Bewohner von Einrichtungen der Pflege und Eingliederungshilfe stärker Geltung zu verschaffen, wird das Leitbild des Verbraucherschutzes in den Gesetzeszweck (§2) aufgenommen. Er steht damit neben den bisherigen Zielen u.a. des Schutzes der Würde, der Förderung der Selbständigkeit und Selbstbestimmung oder der Sicherung des allgemein anerkannten Stands der fachlichen Erkenntnisse zur Qualität des Wohnens und der Betreuung.

In diesem Sinne soll u.a. das Beratungsspektrum der zuständigen Behörden erweitert und auch dem öffentlichen Interesse an Informationen über die verschiedenen Wohn- und Betreuungsangeboten künftig stärker Rechnung getragen werden. Es geht darum, Bürgerinnen und Bürgern, potenziell interessierten Menschen mit Pflegebedarf oder Behinderung sowie deren Angehörigen möglichst aktuelle Informationen über konkrete Wohn- und Betreuungsangebote zur Verfügung zu stellen. Sie sollen über die jeweiligen Rahmenbedingungen aufgeklärt werden, damit sie sich selbst einen Überblick über verfügbare Angebote und deren Kosten verschaffen können. Die Beratung kann auch stattfinden in Zusam-

menarbeit mit anderen bestehenden Beratungsstellen (z.B. Beratungs- und Koor-
dinierungsstellen, Lebensberatungsstellen, Verbraucherzentralen). Langfristig ist
anzustreben, den Verbrauchern differenzierte Informationen über die Qualität der
Angebote zur Verfügung zu stellen. Um diesem Ziel entsprechen zu können, bedarf es rechtlich einer Ermächtigung der zuständigen Behörden, die ihnen vorlie-
genden einrichtungsbezogenen Erkenntnisse, gegebenenfalls in anonymisierter
Fassung, für die Öffentlichkeit nutzbar zu machen.

3. Teilhabe und Lebensweltorientierung – Bausteine für mehr
Selbstbestimmung

Die Gestaltung des Zusammenlebens in einer Einrichtung soll entsprechend
der sich ändernden Erwartungen der Bewohnerinnen und Bewohner weiterentwickelt werden. Betont wird die Verpflichtung der Einrichtungen, die
Teilhabe der Bewohnerinnen und Bewohner am gesellschaftlichen Leben
und die Mitwirkung in der Einrichtung besonders zu fördern. Die Öffnung
der Einrichtungen in das Quartier und das Gemeinwesen soll durch neue
Formen des bürgerschaftlichen Engagements verstärkt werden. Die kulturelle, religiöse und sprachliche Herkunft sowie die sexuelle Orientierung der
Bewohnerinnen und Bewohner sind bei der Ausgestaltung von Alltag und
Betreuung besonders zu berücksichtigen.

Auch mit Mitteln des Ordnungsrechts ist die Teilhabe am Leben in der häuslichen
Gemeinschaft durch Formen der Mitwirkung zu unterstützen, die den spezifischen
Potenzialen der Bewohnerinnen und Bewohnern entsprechen. Deshalb muss es
Aufgabe aller Einrichtungen sein, dies zu ermöglichen und zu fördern. Außerdem
sollen sich Einrichtungen stärker öffnen für Menschen, die mit ihrem Engagement
und persönlichen Einsatz das Leben der Bewohnerinnen und Bewohner fördern
und bereichern können. Hierbei ist auch anzustreben, dass bürgerschaftlichem
Engagement z.B. durch entsprechende Qualifizierungsangebote die angemessene Anerkennung zukommt.

Zu den Anforderungen an den Betrieb einer Einrichtung gehört künftig, dass auch
Menschen mit Migrationshintergrund eine ihrer Biographie und kulturellen Prä-
gung entsprechende Betreuung sowie bedürfnisgerechte Angebote und Möglich-

keiten zur Alltagsgestaltung erhalten. Als Aspekte der Würde und Selbstbestimmung sollte auch die sexuelle Orientierung der Bewohnerinnen und Bewohner
beachtet werden.

4. Maßgeschneiderte Anforderungen für differenzierte Angebote

Das künftige Ordnungsrecht wird sich auf Einrichtungen für sehr unterschiedliche Zielgruppen und Versorgungsbedarfe wie auch unterschiedliche Größen beziehen. Diese Unterschiedlichkeit muss sich stärker als bisher bei den konkreten Anforderungen in baulicher und personeller Hinsicht
und bei der Bewohnermitwirkung niederschlagen. Alle Beteiligten sollen
ermutigt werden, Versorgungskonzepte weiterzuentwickeln und neue Wege
zu gehen.

Das neue Landesrecht muss stärker als bisher für die zuständigen Behörden die
Möglichkeit eröffnen, Anforderungen an den Betrieb, sei es in personeller oder
baulicher Hinsicht, zu spezifizieren. Damit kann zum einen den unterschiedlichen
Zielgruppen und Versorgungskonzepten wie auch der Größe einer Einrichtung
besser Rechnung getragen werden. Zum anderen werden sich auch zukünftig
Wohn- und Betreuungsangebote den sich weiterhin wandelnden Vorstellungen
und Bedürfnissen anpassen müssen. Die zuständigen Behörden werden ausdrücklich dazu berechtigt, hierzu in vorgegebenem Rahmen eigene Ermessens-
entscheidungen zu treffen.

An der Fachkraftquote ist grundsätzlich festzuhalten bis geeignete Verfahren der
Personalbedarfsbemessung zur Verfügung stehen. Die zuständigen Behörden
sollen Ausnahmen genehmigen, wenn eine Personalstruktur mit geringerem
Fachkräfteanteil den Bedürfnissen der Bewohnerinnen und Bewohnern besser
entspricht (Beispiel: hauswirtschaftliche Präsenzkräfte in der Dementenversor-
gung). Zu prüfen ist derzeit noch, inwieweit im Rahmen der VO-Ermächtigungen
Vorgaben für eine Mindestpersonalbesetzung (z.B. nachts) ermöglicht werden
sollten. Der Rahmen hierfür hat auch die landesweiten Vereinbarungen nach SGB
XI und SGB XII zu berücksichtigen.

Hinsichtlich der Qualifikation von Leitungskräften sollen die Anforderungen gesetzlich konkretisiert und mit dem SGB XI harmonisiert werden. Bei der Anerkennung als Fachkraft werden Weiterbildungs- und Qualifizierungsmaßnahmen stärker als bisher berücksichtigt.

Die Möglichkeit, neue Konzepte zu erproben und hierbei gesetzliche Vorgaben zu modifizieren, wird gestärkt. Der Erprobungszeitraum sollte erstmalig eine Dauer von bis zu sechs Jahren umfassen.

5. Zusammenarbeit gestalten – Bürokratie abbauen

Der Verwaltungsaufwand für Träger und öffentliche Stellen kann und soll verringert und die Abstimmung zwischen den Prüfinstitutionen weiter verbessert werden.

Neben einer Straffung der ordnungsrechtlichen Vorschriften ist vorgesehen, konkreten Aufwand zu reduzieren, dem kein entsprechender ordnungsrechtlicher Ertrag entgegensteht. Bislang bestand die Pflicht der Heime, jede personelle Änderung bei den Betreuungskräften unverzüglich den Heimaufsichtsbehörden mitzuteilen. Diese Pflicht soll auf die Mitteilung von Änderungen bei den Leitungskräften beschränkt werden.

Die zuständigen Behörden werden zur Zusammenarbeit mit anderen Ordnungsbehörden (Gesundheitsamt, Bauamt, Brandschutz etc.) verpflichtet, um ihre Prüftätigkeit und insbesondere ihre inhaltlichen Anforderungen aufeinander abzustimmen.

An der jährlichen Überprüfung soll festgehalten werden. Die zuständigen Behörden werden verpflichtet, die Zusammenarbeit mit dem MDK und den Trägern der Sozialhilfe zu präzisieren. Ziel ist, dass im Regelfall pro Jahr jeder Sachverhalt nur von einer Stelle geprüft wird und die Ergebnisse der Prüfungen ausgetauscht werden. Weitere Festlegungen sind durch Vereinbarungen auf Landesebene zu treffen.

Anhang 2: Unterstützer Newsletter der Bundesinitiative „Daheim statt Heim"

BUNDESINITIATIVE

DAHEIM STATT HEIM

c/o Silvia Schmidt, MdB, Platz der Republik 1, 11011 Berlin, Tel. 030 227 -73109 (Fax - 76627)
www.bundesinitiative-daheim-statt-heim.de · info@bi-daheim.de

Berlin, den 22. Februar 2007

Sehr geehrte Damen und Herren,

vorab unser herzlicher Dank für Ihre Unterstützung. Wenn Sie unsere Homepage öfter besuchen, so werden Sie feststellen, dass die Unterstützerliste täglich länger wird. Wir möchten Sie in regelmäßigen Abständen darüber informieren, welche Schritte Silvia Schmidt, MdB, und ihre Mitstreiterinnen und Mitstreiter unternommen haben, die Bundesinitiative „Daheim statt Heim" ihren Zielen näher zu bringen.

Am 18. Januar 2007 trafen sich die Erstunterzeichner in Berlin. Frau Schmidt, MdB, berichtete von der Pressekonferenz anlässlich der Gründung der Bundesinitiative am 1. Dezember 2006. Erst langsam wird die Öffentlichkeit darauf aufmerksam. Der Mitteldeutsche Rundfunk hat einen 8-minütigen Beitrag gesendet. Vor allem in Fachorganen wie dem „kobinet" und der Berliner Behinderten-Zeitung (Februar 2007) wird über „Daheim statt Heim" publiziert.

Auf dem Neujahrsempfang der Beauftragten der Bundesregierung für die Belange behinderter Menschen, Frau Karin Evers-Meyer MdB, im Kleisthaus in Berlin am 31.1.2007 wiesen Horst Frehe, der Vorsitzende des Sprecherrates des Deutschen Behindertenrates und Dr. Adolf Ratzka vom „Independent Living Institute" ausdrücklich auf die Bundesinitiative hin. Beide Redetexte können Sie auf unserer Homepage lesen. Der freie Journalist Keyvan Dahesch kritisierte auf dem Neujahrsempfang, dass vor allem die großen Tageszeitungen zu wenig über Menschen mit Unterstützungsbedarf (alte Menschen und Menschen mit Behinderung) berichten.

Dies nehmen wir als Herausforderung an. Wir planen Aktionen und Veranstaltungen, über die auch die „großen" Medien berichten werden. Im Deutschen Bundestag hat am 1. Februar 2007 Ilja Seifert, MdB, und Erstunterzeichner eine Rede gehalten, in der er die Forderungen unserer Initiative zitierte. Auch diese Rede kann auf unserer Homepage nachgelesen werden.

Wir entwickeln eine Arbeitsplattform, von der aus Verbindungen zu UNO, EU, Bund, Ländern, Kommunen, Parteien und Bürgern geknüpft werden. Unsere Homepage www.bundesinitiative-daheim-statt-heim.de wird laufend erweitert. Wir werden auf ihr Informationen, praktische Hinweise, Veranstaltungsdaten, Darstellungen von Betroffenen und wissenschaftliche Beiträge veröffentlichen.

Wir freuen uns über jeden Bericht oder Hinweis von unseren Unterstützern! Bitte schreiben Sie uns, was Ihnen auf dem Herzen liegt und wovon Sie überzeugt sind, dass es anderen Menschen Anregungen gibt oder hilft.

Da es aus vielerlei Gründen nicht möglich ist, dass sich die Erstunterzeichner monatlich treffen können, wurde ein Strategieteam gebildet, dem Ottmar Miles-Paul (Interessenvertretung Selbstbestimmt Leben in Deutschland e.V.), Karl Finke (Behindertenbeauftragter des Landes Niedersachsen und Bundessprecher im Netzwerk „Selbst Aktiv" – Behinderte Menschen in der SPD), Prof. Klaus Dörner, Roger Schmidtchen (TIBP GmbH), Wolfram Scharenberg (Evangelische Stiftung Alsterdorf), Herr Fritz Bremer, Frau Elke Bartz (Forum selbstbestimmte Assistenz e.V. – ForseA) und Silvia Schmidt, MdB, angehören. Dieses Team tagt einmal im Monat. Alle Erstunterzeichner werden eingeladen und können daran teilnehmen.

In der Sitzung am 7. Februar 2007 wurde ein Flyer ausgearbeitet, der für Veranstaltungen wie beispielsweise in Jena am 14.3.2007 über „Wohnen wie alle – barrierefrei und selbstbestimmt?" geeignet ist. Wer eine Veranstaltung zu „Daheim statt Heim" plant und einen Referenten braucht, kann sich an uns wenden. Die Erstunterzeichner sind gerne bereit, über die Bundesinitiative zu referieren.

2

Um die Bundesinitiative „Daheim statt Heim" bekannt zu machen, führen Frau Schmidt, MdB, und die Erstunterzeichner zahlreiche Gespräche mit Vertretern der Sozialverbände, der Kommunen, der Wohnungswirtschaft und der Politik. Auf einem „fraktionsoffenen Abend" unter dem Motto „Ambulant statt stationär" haben die Politiker aller Parteien die Möglichkeit, mehr über unsere Ziele zu erfahren.

Henning Scherf, der ehemalige Bürgermeister von Bremen, hat uns geschrieben:
"Wir Älteren werden immer mehr und suchen nach Alternativen zum Alleinwohnen in der zu groß gewordenen Familienwohnung einerseits oder Heimunterbringung andererseits. Da gibt es zwischen generationsübergreifenden Nachbarschaften, Hausgemeinschaften und Alten WGs immer neue Angebote. Diese öffentlich zu machen, die Menschen damit zu ermutigen, für sich selber Alternativen zu suchen - das ist eine wunderbare Aufgabe. Damit kann jeder für sich beginnen: vor Ort, in der Gemeinde, in der Region und natürlich auch im Bundestag."
Erstunterzeichner Henning Scherf hat ein ermutigendes Buch mit dem Titel „Grau ist bunt. Was im Alter möglich ist" verfasst. Wer mehr über Henning Scherf erfahren möchten, lese weiter auf der Homepage unter „Literatur".

Es ist uns wichtig, neben all den Presseberichten über Missstände in den Heimen und auch Zuhause, über positive Beispiele zu berichten. Erwähnt seien hier die Evangelische Stiftung Alsterdorf und die Evangelische Stiftung Hephata. Beide Träger haben erfolgreich einen rein ambulanten Dienst ausgebaut. Weitere Links, wie beispielsweise www.altundjung.org, führen zu Trägern und Verbänden, die bereits zur Ambulantisierung übergegangen sind. Wir freuen uns über jede Mitteilung in dieser Richtung und werden unsere Linkliste ständig erweitern.

Schreiben Sie uns Ihre Meinung. Jede Reaktion ist wichtig, und verlieren Sie nicht das Interesse an Ihrer eigenen Zukunft.

Mit freundlichen Grüßen

Silvia Schmidt, MdB

3

Förderverein der Bundesinitiative Daheim statt Heim

Satzung des Vereins

§ 1 Name, Sitz und Geschäftsjahr

1. Der Verein trägt den Namen «Förderverein der Bundesinitiative Daheim statt Heim e.V.» .

2. Der Verein wird in das Vereinsregister eingetragen. Sitz des Vereins ist Berlin.

3. Das Geschäftsjahr ist das Kalenderjahr.

§ 2 Zweck

1. Zweck des Vereins ist es, das selbst bestimmte Leben von Menschen mit Behinderungen und Pflegebedarf, insbesondere auch ältere, in der Gemeinde, also in der eigenen Wohnung und dem gewohnten Umfeld, zu fördern.

2. Der Satzungszweck soll insbesondere durch
- die Bündelung und Verbreitung von Informationen für ein Leben von Menschen mit Behinderungen und Pflegebedarf in der Gemeinde,
- den Aufbau eines Netzwerkes von in diesem Bereich engagierten Einzelpersonen und Initiativen,
- die Förderung von Projekten,
- sowie mittels der Durchführung von Aufklärungsaktivitäten für Alternativen zum Leben im Heim und Institutionen
erreicht werden.

§ 3. Gemeinnützigkeit

1. Der Verein verfolgt ausschließlich und unmittelbar mildtätige und gemeinnützige Zwecke im Sinne des Abschnittes «Steuerbegünstigte Zwecke» der Abgabenordnung in der jeweils gültigen Fassung.

2. Der Verein ist selbstlos tätig, er verfolgt nicht in erster Linie eigenwirtschaftliche Zwecke.

3. Mittel des Vereins dürfen nur für satzungsgemäße Zwecke verwendet werden. Die Mitglieder erhalten keine Zuwendungen aus Mitteln des Vereins. Es darf keine Person durch Ausgaben, die dem Zweck des Vereins fremd sind, oder durch unverhältnismäßig hohe Vergütungen begünstigt werden.

4. Die Mitglieder erhalten bei ihrem Ausscheiden oder bei Auflösung des Vereins keine Anteile des Vereinsvermögens

§ 4 Unabhängigkeit

Der Verein ist parteipolitisch und konfessionell unabhängig.

§ 5 Mitgliedschaft

1. Ordentliches Mitglied des Vereins kann jede natürliche Person werden, die seine Ziele im Sinne des § 2 unterstützt. Juristische Personen, aber auch natürliche Personen können Fördermitglieder ohne aktives und passives Wahlrecht werden.

2. Nur natürliche Personen als ordentliche Mitglieder verfügen über das aktive und passive Wahlrecht.

3. Fördermitglieder können an den Aktivitäten des Vereins und an Mitgliederversammlungen mit beratender Stimme teilnehmen.

4. Der Antrag auf eine ordentliche Mitgliedschaft oder auf eine Fördermitgliedschaft ist schriftlich (eigenhändig oder zur Niederschrift) an den Vorstand zu richten. Über den Aufnahmeantrag entscheidet der Vorstand.

§ 6 Beendigung der Mitgliedschaft

1. Die Mitgliedschaft endet durch Austritt, Ausschluss oder Tod.

2. Der Austritt erfolgt durch schriftliche Kündigung gegenüber dem Vorstand und ist jederzeit möglich.

3. Bei Verstoß gegen die Satzung und Verletzung des Vereinszwecks kann der Ausschluss von Mitgliedern durch die absolute Mehrheit der anwesenden ordentlichen Mitglieder einer ordnungsgemäß einberufenen Mitgliederversammlung erfolgen.

4. Bleibt ein Mitglied trotz Mahnung mehr als zwei Jahresbeiträge im Rückstand, kann der Vorstand den Ausschluss beschließen.

§ 7 Mitgliedsbeiträge

1. Der Verein kann Mitgliedsbeiträge erheben, wenn dies die Mitgliederversammlung beschließt.

2. Über die Höhe der Mitgliedsbeiträge entscheidet die Mitgliederversammlung mit einfacher Mehrheit. Sie legt eine Beitragsordnung fest. Die Beitragsordnung ist nicht Bestandteil der Satzung.

§ 8 Organe des Vereins

Die Organe des Vereins sind:
a) Der Vorstand
b) Die Mitgliederversammlung

§ 9 Der Vorstand

1. Der Vorstand besteht aus einer/m Vorsitzenden und zwei stellvertretenden Vorsitzenden. Zur Wahl dürfen sich nur ordentliche Mitglieder stellen. Der Vorstand wird für die Dauer von zwei Jahren gewählt. Eine Wiederwahl ist möglich. Die Vorstandsmitglieder sind zur Geschäftsführung und gerichtlichen und außergerichtlichen Vertretung nach außen einzeln berechtigt.

2. Die Vorstandsmitglieder üben ihr Amt ehrenamtlich aus. Notwendige Auslagen können ihnen erstattet werden. Beschlüsse der Vorstandssitzung sind in einem Protokoll schriftlich festzuhalten und werden mit einfacher Mehrheit gefasst. Dabei müssen mindestens zwei Vorstandsmitglieder beteiligt sein.

3. Der Vorstand wird ermächtigt, geringe Änderungen im Wortlaut der Satzung vorzunehmen, soweit diese zur Eintragung in das Vereinsregister oder zur Erlangung der Mildtätigkeit bzw. der Gemeinnützigkeit erforderlich sind.

4. Der Vorstand tagt mindestens 1 mal im Quartal. Die Einladung zur Sitzung erfolgt schriftlich mit einer Frist von 14 Tagen unter Angabe einer Tagesordnung. Mit Aufgabe bei der Post ist die Frist gewahrt.

5. In dringenden Fällen kann auf die unter 4. genannten Fristen verzichtet werden. Dazu bedarf es der Zustimmung aller Vorstandsmitglieder.

6. Beschlüsse des Vorstandes können auch über das Internet, per Telefon, schriftlich, per Fax oder auch per E-Mail gefasst werden. Hierzu ist jedoch die Zustimmung aller Vorstandsmitglieder erforderlich. Die Beschlüsse sind vom Vorsitzenden zu protokollieren.

§ 10 Mitgliederversammlung

1. Mindestens einmal im Jahr wird eine ordentliche Mitgliederversammlung vom Vorstand schriftlich mit einer Frist von 21 Tagen unter Beifügung einer Tagesordnung einberufen.

2. Eine Mitgliederversammlung ist auch auf Antrag von mindestens zehn Prozent der stimmberechtigten Mitglieder schriftlich unter Angabe eines Tagesordnungsvorschlages mit einer Frist von 21 Tagen einzuberufen.

3. Eine schriftliche Einladung im Sinne dieser Satzung ist jede per Post oder elektronischer Post versandte Nachricht, die zu einer Mitgliederversammlung einlädt und inhaltlich den satzungsgemäßen Anforderungen entspricht. Die Frist gilt mit der Aufgabe bei der Post als gewahrt.

4. Die Tagesordnung wird von der Mitgliederversammlung mit einfacher Mehrheit beschlossen.

5. Jede satzungsgemäß einberufene Mitgliederversammlung ist beschlussfähig.

6. Die Leitung der Mitgliederversammlung übernimmt das älteste anwesende Mitglied.

7. Ein Mitglied kann sich durch ein anderes Mitglied bei der Sitzung vertreten lassen. Dazu bedarf es einer eigenhändig unterzeichneten schriftlichen Vollmacht. Diese muss auf der Mitgliederversammlung vorgelegt werden. Die Form eines Telefaxes oder einer elektronisch übermittelten Vollmacht mit Signatur ist zulässig. Ein Mitglied kann nicht mehr als zwei andere Mitglieder in der Mitgliederversammlung vertreten.

8. Die Mitgliederversammlung beschließt insbesondere über:

   - Ausschluss von Mitgliedern

   - Änderung der Satzung

   - Auflösung des Vereins

   - Wahl, Entlastung und Abberufung des Vorstandes

   - Jahresabschluss, Gewinnverwendung und Verlustabdeckung

   - Mitgliedschaft in Organisationen

   - Angelegenheiten von grundsätzlicher Bedeutung. Dies sind insbesondere Fragen, die die Vereinszwecke und finanziellen Grundlagen berühren

9. Anträge zur Änderung der Satzung und/oder zur Auflösung des Vereins müssen mit der Einladung zur Mitgliederversammlung verschickt werden. Beschlüsse der Mitgliederversammlung werden mit einfacher Mehrheit der abgegebenen Stimmen gefasst. Zur Änderung der Satzung und zur Auflösung des Vereins ist jedoch eine Mehrheit von drei Vierteln der abgegebenen Stimmen erforderlich.

10. Über die Beschlüsse der Mitgliederversammlung ist ein Protokoll zu führen, das von der protokollierenden und der versammlungsleitenden Person unterzeichnet wird.

11. Die Mitgliederversammlung kann bis zu zwei Kassenprüfer/innen bestellen, die nicht Mitglied des Vorstands sein dürfen.

§ 11 Aufwendungsersatz

1- Jedes Vereins- und Vorstandsmitglied kann den Ersatz seiner nachgewiesenen Aufwendungen für eigene Auslagen, die im Rahmen der Tätigkeiten für den Verein entstanden sind oder entstehen, beantragen. Ein Aufwendungsersatz kann neben Fahrt- und Reisekosten außerdem zum Beispiel für Telekommunikationskosten, Portokosten und alle weiteren im Interesse des Vereins verauslagten Beträge / Aufwendungen gezahlt werden.

2. Ein entsprechender Aufwendungsersatz kann auch an Dritte gezahlt werden, wenn diese ihre Aufwendungen für Leistungen im Auftrag für den Verein bzw. für die Mitwirkung an Sitzungen nachweisen. Der Vorstand entscheidet mit einfacher Mehrheit grundsätzlich vor der Inanspruchnahme von Leistungen bzw. vor der Gewährung eines Aufwendungsersatzes über die Höhe des Aufwendungsersatzes. Vor diesem Beschluss sind grundsätzlich die Zahlungsfähigkeit des Vereins zu prüfen und die steuerlichen Vorgaben zu Höhe und Anlass bei Fahrt- und Reisekosten sowie auch die Begrenzung auf die aktuellen steuerlichen Pausch- und Höchstbeträge zu beachten.

§ 12 Auflösung des Vereins

1. Die Auflösung des Vereins kann nur in einer dazu besonders einberufenen Mitgliederversammlung von den stimmberechtigten Mitgliedern beschlossen werden. Dazu bedarf es einer ¾-Mehrheit der anwesenden Mitglieder.

2. Bei Auflösung des Vereins oder bei Wegfall des steuerbegünstigten Zweckes fällt das Vermögen des Vereines einer anderen gemeinnützigen Organisation zu, die von der Mitgliederversammlung zu bestimmen ist und die es nur unmittelbar und ausschließlich für mildtätige und gemeinnützige Zwecke verwenden darf. Beschlüsse über die künftige Verwendung des Vermögens dürfen erst nach Einwilligung des Finanzamtes ausgeführt werden.

§ 13 Annahme und Inkrafttreten

1. Diese Satzung tritt am …. in Kraft.

2. Die Annahme erfolgt durch die unterzeichnenden Gründungsmit-
   glieder.

Kurzkonzeption

Kompetenzzentrum „Daheim statt Heim" Berlin

Träger: Verein für berufliche und soziale Integration e.V.
             Friedensplatz 5
             06118 Landsberg OT Reinsdorf

Ansprechpartner:
             Roger Schmidtchen, Vorsitzender
             Tel.:   03643 441717
             Mobil: 01735713438
             E-Mail: rschmidtchen.td@twsd.de

1. Ziele:

Excellenz- und Kompetenzzentrum für Politik, Verwaltung, Wissenschaft, Bildung,
Verbände, Akteure und Betroffene;
Stopp des Ausbaus weiterer Heimstrukturen und von Institutionen der Pflege und
Betreuung von Menschen mit Behinderungen und Pflegebedürftigen (Heime,
Werkstätten für Menschen mit Behinderungen)
Abbau von Heimplätzen

Thesenpapier: Daheim statt Heim

2. Aufgaben

- Unterstützung der Bundesinitiative „Daheim statt Heim".
- Förderung der Integration und Inklusion von Menschen mit besonderen
  Bedarfen (Menschen mit Behinderungen, Pflegebedürftige) in die Gesellschaft
  (Wohnen, Arbeiten, Freizeit, Kultur, Bildung etc.)
- Förderung und Unterstützung des De-Institutionalisierungsprozesses der
  Wohlfahrtspflege in Deutschland
- Unterstützung und Vernetzung von lokalen und regionalen Initiativen
- Beratung lokaler, regionaler und lokaler politischer Institutionen und Politikern
- Einflussnahme auf lokale, regionale und überregionale Politik, Gesetzgebung
  und Verwaltung
- Vernetzung von Wissenschaft, Bildung, Politik, Verwaltung, Praxis und
  Betroffene
- Aufbau einer nationalen Bewegung mit Unterstützern (Förderverein mit
  Spendenkonto) und Aktivisten

3. Leistungen:

- Aufbau einer Datenbank:
    - deutsche, europäische und internationale Gesetze und
      Verordnungen zum Thema Integration, Inklusion und De-
      Institutionalisierung
    - Konzeptionen und Strategien
    - Gute Beispiele
    - Kosten-Nutzen-Berechnungen
    - Presse
    - Wissenschaft
    - Ausbildung
    - Strategien
    - Kampagnen
    - Tagungen
    - Ansprechpartner
    - Lokale, regionale, deutsche, europäische, internationale
      Förderer und Experten

- Lokale, regionale und überregionale Beratung

- Website mit Forum
- Politikberatung
- Vernetzung
- Modell-Projekte
- Forschung
- Fund-raising
- Kampagnen/Aktionen/Öffentlichkeitsarbeit
- Vertretung auf Kongressen

4. Struktur/Organe:

a) Kuratorium/Beirat:

- Strategieteam Daheim statt Heim
- europ. Förderer
- Politikberater
- Schirmherren

b) Leitung/Koordination:

- 1 Geschäftsführer/Direktor
  (auch verantwortlich für Finanzierung/fundraising)

c) Personal:

- 1 Experte Wohlfahrtspflege (Pflege, Menschen mit Behinderungen)/Berater
- 1 Experte Recht
- 1 Experte Öffentlichkeitsarbeit/Marketing/web/Kampagnen
- 1 Experte Politikberatung
- 1 Sachbearbeiter Verwaltung

d) Expertenteam

Nebenamtliche Experten und Berater

e) Wissenschaftsteam

Nebenamtliche Wissenschaftler

f) Sitz: Berlin, nähe Parlament

5. Finanzierung:

- Anschubfinanzierung durch Bund, Länder, Stiftungen, EU, Projekte
- Lfd. Finanzierung:
  - Anerkennung als Think-Tank/Berater der Regierungen
  - Mitgliedsbeiträge
  - Projektmittel

145

6. Zeitplan:

- Detailkonzeption mit Projektantrag bis 28.02.2007
  V.:   Roger Schmidtchen, Frau Panzer

- Bewilligungen und Aufbau Projektteam bis 31.05.2007
  V.:   Roger Schmidtchen, Frau Panzer

- Arbeitsfähigkeit bis 30.06.2007

- Datenbank laufend

-

Deinstitutionalisierung von Heimen – neue Voraussetzungen für neue Heimgesetze der Länder

Klaus Dörner

Da ich hier unter Heimaufsichtlern und Psychiatriekoordinatoren bin, wird es Sie nicht wundern, dass ich heute zum Thema der Deinstitutionalisierung (nicht nur der Behinderten-, sondern auch der Altenpflegeheime) vor allem auf Ihre Rolle, also die Rolle des Staates und der übrigen öffentlichen Hände zu sprechen komme. Dies um so mehr, als Staat und Politik sich seit 1980 aus der Organisation des Helfens eher zurückgezogen haben – vor allem zugunsten von Sozial- und Gesundheitsgesetzen, die regelmäßig die betriebswirtschaftlichen Steuerungselemente des Marktes gestärkt haben, was – wie wir heute wissen – allein schon wegen des Expansionsgebotes des Marktes kostentreibend wirken musste, abgesehen davon, dass sich im Unterschied zur Autoproduktion das Helfen für die Vermarktlichung nur peripher eignet. Um so dringlicher sind in der Zwischenzeit die Aufgaben des Staates geworden, wie ich versuchen werde, zu zeigen.

Auch noch vorab kurz zu meiner Gebrauchsanweisung: Als Leiter des Landeskrankenhauses Gütersloh war ich auch Heimleiter eines 435 Plätze umfassenden Großheims, das nach 17 Jahren 1996 verschwunden war, weil praktisch sämtliche Behinderten in der Zwischenzeit in eigenen Wohnungen lebten. Parallel dazu konnten wir zeigen, dass bei Anwendung der von uns in Gütersloh entwickelten Methoden der Deinstitutionalisierung auch drei kleinere Heime eines katholischen Trägers im Sauerland sich weitgehend verüberflüssigen konnten. Und seit meiner Berentung habe ich 10 Jahre lang daran gearbeitet, ob und wie die Methoden der Deinstitutionalisierung sich von den Behinderten auch auf die Bewohner von Altenpflegeheimen übertragen lassen, was ich heute weitgehend bejahen kann, wie ich gerade in meinem Büchlein „Leben und Sterben, wo ich hingehöre" (Neumünster: Paranus 2007) ausführlicher begründet habe. Sie sehen: eigentlich bin ich von Haus aus reiner Praktiker, allerdings mit der

Neigung, meine Erfahrungen theoretisch zu verallgemeinern und daraus politische Handlungsmöglichkeiten zu entwickeln.

Jetzt geht es zur Sache. Wenn ich recht sehe, hat gerade das Land Rheinland-Pfalz in den letzten Jahrzehnten seine praktische Integrationspolitik besonders weit entwickelt. Gerade damit scheint zusammenzuhängen, dass dieses Bundesland jetzt auch die größte Bereitschaft zeigt, auch alle Organisationsformen und Strukturen des medizinischen und sozialen Helfens zu überprüfen und zur Diskussion zu stellen. Das – so bin ich liebenswürdigerweise aufgefordert worden – soll hier und heute mit Hilfe Ihrer Erfahrungen beginnen, wozu ich den Impuls geben soll.

In der Tat wachsen wir in eine Situation hinein, die vor allem deshalb so neu und unbekannt ist, weil es noch nie in der Geschichte der Menschheit einen so großen gesamtgesellschaftlichen Hilfebedarf gegeben hat, weshalb es mehr als berechtigt ist, sich zu einer Grundsatzdiskussion durchzuringen. Ich will die Neuartigkeit dieser Situation kurz skizzieren:

1. Es gibt gleich drei in ihrer Größe menschheitsgeschichtlich unbekannte große und hilfsbedürftige Bevölkerungsgruppen: einmal die Alterspflegebedürftigen und Dementen; zum anderen die körperlich chronisch Kranken (auch sie ohne etablierte soziale Rollen) und zum Dritten die von mir sogenannten „Neo-Psychisch-Kranken", also nicht die immer noch nur 2 bis 3 % der Bevölkerung umfassenden klassischen Psychosen, sondern die neuen – leichter behinderten – Befindlichkeits- und Persönlichkeitsstörungen, die alle Psychiater noch vor 40 Jahren zur Spielbreite des Normalen gerechnet hätten, die aber heute von einem nicht mehr zu begrenzenden und ständig wachsenden Markt der Psycho-Anbieter als psychisch krank und behandlungsbedürftig definiert werden, mit der Folge, dass sie jetzt schon die häufigste Ursache der Frühberentung darstellen und beginnen, die Heime zu füllen.

2. Parallel dazu haben wir seit 1980 – anders als zuvor – kein nennenswert großes ökonomisches Wachstum mehr, verbunden mit dem Ende der

(nur) 100-jährigen Phase der Vollbeschäftigung. Als Folge davon öffnet sich die Schere zwischen Ausgaben und Einnahmen immer weiter.

3. Entsprechend ist auch das für die 100-jährige Industrialisierung und Modernisierung (1880 bis 1980) ganz gut passende polare Hilfesystem (Hilfe zu Hause oder in der Institution) am Ende, insbesondere mit seinen beiden Prinzipien der großräumigen Institutionalisierung und Professionalisierung des Helfens.

4. Aber selbst wenn es überhaupt keine ökonomischen Probleme geben würde, stehen wir in einem kulturellen Umbruch, weil die Menschen sich geändert haben: sie wollen nicht mehr zur Hilfe gebracht werden, sondern wollen, dass die Hilfe zu ihnen kommt, wo sie hingehören.

5. Und daraus ergibt sich, dass jetzt zwangsläufig die große Stunde nicht mehr nur der Moderation, sondern der aktiven Gestaltungskraft des Staates und der öffentlichen Hände gekommen ist.

Wir brauchen also ein neues Hilfesystem, wobei besonders die zwei Prinzipien der Industrialisierungs-Epoche – Institutionalisierung und Professionalisierung des Helfens - in Frage zu stellen sind und wobei die Erinnerung hilfreich sein mag, dass das Helfen bis zum Beginn der Moderne fast ausschließlich Sache der Bürger, insbesondere der Haushalte und der Nachbarschaften, gewesen ist.

Auf dem Weg zu so einem neuen Hilfesystem erscheinen mir folgende 7 Grundsätze diskussionswürdig:

1. Jede Hilfefinanzierung ist vom gesamtgesellschaftlichen Hilfebedarf her zu bewerten.

Ich gebe zu, dass ein solches Umdenken ungewohnt und schwierig ist; es hat aber Vorteile. Denn einmal kann dann niemand mehr sein Anliegen – wie auch ich das mit meiner Psychiatrie immer gemacht habe – für den Nabel der Welt halten; er muss sich der Setzung von Prioritäten beugen und damit auch dem ethischen Grundsatz, dass bei der Vergabe von Ressourcen stets mit den Bedürftigsten, „Letzten" zu beginnen ist. Nur auf diese Weise lässt sich nämlich die Wirksamkeit des englischen Hartinverse-care-law wenigstens eindämmen, wonach die Marktgesetze zwingend bewirken, dass das Geld immer dahin fließen muss, wo es am profitabelsten, der Hilfebedarf also am geringsten ist. Zum anderen erlaubt die Perspektive des gesamtgesellschaftlichen Hilfebedarfs, den man sich wie einen Kuchen vorstellen kann, dass die beiden Subsysteme des Helfens, die Profihilfe und die Bürgerhilfe (beide bei fast jeder Hilfeaktivität beteiligt) gemeinsam als ein Bürger-Profi-Mix gesehen werden. Dabei lässt sich leicht erkennen, dass heute – als Wirtschaftswunder-Folge – bei den meisten Hilfeaktivitäten eine Über-Professionalität und eine Unterlastung des Bürger-Hilfe-Systems vorliegt, was die Schlussfolgerung nahe legt, einen zumutbaren Teil des Helfens (Pflege, Altersbegleitung, Beziehungsarbeit) vom Profisystem an das Bürgersystem zurückzugeben. Profi-Helfen findet dann nur noch statt, wo es unersetzbar erforderlich ist, schon damit die wirklichen Errungenschaften der Professionalisierung des Helfens aus der Epoche der Moderne dauerhaft zu finanzieren und damit zu retten sind. (In meinem oben erwähnten Büchlein finden Sie das geradezu modellhaft realisiert im heutigen Hilfesystem des Landkreises Schwandorf).

2. Solange die Institutionalisierung von Menschen wegen ihrer Hilfsbedürftigkeit noch nicht – wie in Schweden – gesetzlich verboten ist, bedarf sie zwecks Prüfung der Voraussetzungen einer gesetzlichen Grundlage.

Hierfür bietet die Notwendigkeit der Neuformulierung des Heimgesetzes auf Länderebene eine historisch einmalige Chance, weil die Voraussetzungen für ein Heimgesetz heute gänzlich anders sind als zur Zeit der Erstfassung des Heimgesetzes. Dazu muss ich ein wenig ausholen. Weil ein Heim, gerade wegen seiner im Einzelfall segensreichen Halt- und Schutzgewährung, unvermeidlich auch Freiheitsrechte einschränkt, weshalb der Staat ja auch die Heimaufsicht flankierend verfügt hat, gehört das Heim zum Rechtsbereich des „besonderen Gewaltverhältnisses"[1]. Das Bundesverfassungsgericht hat nun schon in den 70er Jahren festgestellt, dass dies besondere Gewaltverhältnis mit dem Grundgesetz an sich nicht

---

[1]   Wolfram Höfling: Staatliche „Altenpolitik" – der grundrechtsgeprägte Sozialstaat auf dem Rückzug? in: Landespräventionsrat NRW (ed.): Alter – ein Risiko, Münster: LIT 2005, S. 43-51

vereinbar sei, es sei denn, es sei alternativlos erforderlich, wie etwa im Falle des Gefängnisses oder des Militärs, jedoch auch für das damalige Heimsystem, weil es ebenfalls bis vor einiger Zeit alternativlos erforderlich war: wenn es zu Hause nicht mehr ging, gab es zum Heim keine Alternative. Dies trifft aber seit 1979 nicht mehr zu, seit nämlich Baden-Württemberg das ambulante „betreute Wohnen" zwecks Wiedereingliederung von Menschen mit Behinderung erfunden hat, verschärft seit den ambulanten Leistungen der Pflegeversicherung. Seither gibt es nämlich grundsätzlich für jede denkbare Heimaufnahme-Indikation, auch jeden Schweregrades, durchaus praktisch erprobte ambulante Alternativen, sei es zu Hause oder sei es in einer ambulanten Wohngruppe, finanziert im Übrigen von der Solidargemeinschaft der Bürger als Steuer- und Beitragszahler. Dass diese neuen Hilfen noch nicht überall flächendeckend – vom Staat – zugänglich gemacht worden sind, darauf kann die Verfassung keine Rücksicht nehmen.

Daher ist seither jede Heimaufnahme gesetzlich begründungspflichtig, wenn man nicht gegen die Verfassung stoßen will, wogegen jedes Bundesland seine Bürger zu schützen hat. Als Beispiel hierzu sei Bielefeld genannt, wo in den inzwischen über 20 ambulanten Nachbarschafts-Wohnpflegegruppen Menschen mit jedem Behinderungsgrad und jedem Pflegebedarf in ihrem Stadtviertel integriert leben – dazu noch mit einer personellen Betreuungsintensität über 24 Stunden, die zwei bis dreimal größer ist als in einem Heim.[2] Auch aus diesem Grund wird dort – nebenbei – die Frage nach der geschlossenen Unterbringung kaum gestellt.

Wenn man nun noch hinzunimmt, dass beim Altenpflegeheim 20 bis 30 % der Hilfsbedürftigen an der Heimaufnahme sterben (eine Operationsmethode mit dieser Mortalität würde auf der Stelle verboten), dass bei Behindertenheimen eine schädigende Überversorgung, die bei Psychopharmaka[3] ebenfalls die Sterblichkeit erhöht, offenbar systemimmanent ist, und

---

[2]   Auch dieses Bielefelder Beispiel findet sich in meinem erwähnten Büchlein „Leben und Sterben, wo ich hingehöre" (Neumünster: Paranus 2007) in verschiedenen Kapiteln ausführlicher dargestellt.
[3]   a.a.O., S. 32

dass das Gleichstellungsgesetz hier einschlägig ist, ist die gesetzliche Kontrolle der Heimaufnahme unumgänglich, zumal jetzt endlich auch die materiellen Voraussetzungen für die Einklagbarkeit der uralten Norm des Bundessozialhilfegesetzes „ambulant vor stationär" (von 1961!) gegenüber den Anbieter-Trägern vorliegen. Seit es die Alternative der Ambulantisierung gibt, macht sich der Heimbetreiber strafbar, z. B. der Freiheitsberaubung, der diese Integrations-Chance für seine Behinderten oder Alterspflegebedürftigen nicht nachweislich nach Kräften nutzt – selbst um den Preis der betriebswirtschaftlichen Schädigung seines Heims. All diesen vor 30 Jahren noch nicht, jedoch heute gegebenen Realitäten hat ein zeitgemäßes Heimgesetz Rechnung zu tragen. Schließlich kommt noch ein ganz pragmatischer Faktor hinzu, der gleichwohl z. B. die Schweden letztlich dazu gezwungen hat, das Verbot der Verheimung von Menschen mit Behinderung gesetzlich zu fixieren: Wer nämlich nur anfängt, zu ambulantisieren, setzt damit als ungewollte Folge einen Prozess in Gang, der dazu führt, dass in den immer kleiner werdenden Heimbereichen ein Rest von immer schwierigeren Behinderten sich bis zur Unerträglichkeit – für alle Beteiligten – konzentriert. Man kann eben nicht auf Dauer nur ein bisschen ambulantisieren. Vielmehr muss man wissen, dass man mit der Ambulantisierung von einem alten, stationären zu einem neuen, ambulanten Hilfesystem unterwegs ist, das man irgendwann zu erreichen hat, wie in Schweden, aber auch Norwegen zu studieren. Auch diesen Prozess hat der Gesetzgeber verantwortlich zu begleiten und zu steuern.

3. Das Gemeinwohlinteresse und die Schutzpflicht des Staates machen es also notwendig, dass das neue Heimrecht die Heimaufsicht mit der mit Abstand wichtigsten Befugnis ausstattet, das Vorliegen der Voraussetzungen für die alternativlose Erforderlichkeit des Heimaufenthaltes eines Hilfsbedürfnis zu kontrollieren, sowohl was die Aufnahme als auch was die Aufenthaltsdauer angeht.
Die Tatsache, dass trotz der imponierenden 2400 persönlichen Budgets in Rheinland-Pfalz die Heimplatzzahlen weiter steigen, ist der – an sich nicht mehr nötige – Beweis dafür, dass Heimbetreiber im unvermeidlichen Zielkonflikt zwischen Gemeinwohl und betriebswirtschaftlichem Eigeninteres-

se ohne gesetzlichen Zwang regelmäßig dem ökonomischen Eigeninteresse den Vorzug geben und davon auch nicht abzubringen sind, egal wie viel Strafbarkeit dabei entsteht.

Daher müssen die Heimaufsichtler die Möglichkeit haben, zur Klärung solcher Fragen wie der Berechtigung einer Heimaufnahme und der Dauer eines Heimaufenthaltes von außen Experten hinzuzuziehen, wie dies die Heimaufsicht Unterfranken in Zusammenarbeit mit mir noch nach dem alten Heimgesetz (Klärung der Einhaltung der fachlichen Standards) schon erfolgreich erprobt hat. Weil es hier um die Verhinderung unnötiger Risiken und zum Teil lebensbedrohlicher Schädigungen für oft besonders hilflose Bürger geht, greift hier die höchstrichterliche Rechtssprechung, wonach das Gemeinwohl auch das Grundrecht auf unternehmerische Berufsfreiheit brechen kann. Gerade wirksame Mittel sind unvermeidlich mit Risiken verbunden, die zu kontrollieren sind und denen gerade hilflose Menschen nur bei alternativloser Notwendigkeit – für Übergangsfristen – ausgesetzt werden dürfen. Aus denselben Gründen muss auch eine Genehmigungspflicht für Heime und – wie in Dänemark – ein (befristeter) Heimbaustopp durchsetzbar sein. Letzterer wird übrigens seit dem 1.12.2006 in der Bundesinitiative „Daheim statt Heim" von mehreren Bundestagsabgeordneten gefordert.

Um ein Heim zur Einhaltung solcher gesetzlicher Normen zu verpflichten, kann man sich, was das neue Heimgesetz angeht, auch an meinem „Qualitätskatalog für Heimleiter" orientieren.[4] Verzichtet man im neuen Heimgesetz auf solche Kontrollen und lässt alles so laufen wie bisher, ist die Prognose eindeutig: Es entstehen immer neue Märkte, die sich gegenseitig nicht wehtun; d. h. der Markt der Heimplätze wächst weiter; darauf pfropft sich der Markt des ambulanten betreuten Wohnens drauf; und darauf pfropft sich noch einmal der neue Markt der persönlichen Budgets – und all diese Psycho-Märkte wachsen endlos unabhängig voneinander und völlig am Bedarf vorbei, weil die Gesellschaft durch die Psycho-Profis

---

[4]   Klaus Dörner: Sind alle Heimleiter Geiselnehmer? Qualitätskatalog für den zukunftsfähigen „Guten Heimleiter", Soziale Psychiatrie 4:21-25 2004

immer mehr von der marktförmigen Mentalität imprägniert worden ist, immer geringere Leiden leiden und Behinderungsgrade als unerträglich zu fühlen. Ein Fass ohne Boden! Dabei ist es kein Problem, den Hilfebedarf in jedem Einzelfall wunderbar fachlich und auch noch für alle subjektiv glaubhaft zu begründen – nur dass bei diesem Prozess die wirklich schwer Hilfsbedürftigen immer mehr auf der Strecke bleiben. Ich war lange genug selbst Heimleiter, um zu wissen, wovon ich spreche: es ist halt zu verführerisch und auch zu leicht, das Finanzierungssystem der Solidargemeinschaft der Bürger zum eigenen Vorteil umzufunktionieren.

4. Das Subsidiaritätsprinzip erzwingt den Vorrang der Hilfeleistung durch das Bürgerhilfe-Subsystem vor dem Profihilfe-Subsystem; letzteres hat Ersteres nur zu ergänzen.

Dies zwingt dazu, sich dazu zu bekennen, dass es direkt beabsichtigt ist, zugunsten der Bürgerhilfe die Zahl der Profi-Arbeitsplätze zu beschränken oder zu reduzieren. Das gilt auch hier wieder selbst dann, wenn es nicht die geringsten Finanzierungsprobleme gäbe. Vielmehr ist dies schon allein durch den Sinn der Eingliederung/Rehabilitation begründet, der nämlich in der Förderung der Integration besteht, der – als oberstes Ziel –die Angehörigen aller helfender Berufe auch bei Selbstgefährdung zu dienen haben. Integration (inclusion, community care oder community living) bedeutet aber, dass die Bürger mit und ohne Hilfebedarf soweit wie möglich ihre Beziehungen selbst und ohne Profis regeln; solange Behinderte noch von Profis therapeutisch oder pädagogisch – stationär wie ambulant – umzingelt sind, ist noch keine Integration. Insofern Profis sehr wohl wissen, dass sie sich im Dienst der Integration methodisch zurückzunehmen haben – und zwar in Vorleistung, um mit Hilfe einer kalkulierten Lücke das Einspringen von Bürgerhilfe erst zu ermöglichen -, jedoch so gut wie niemand danach handelt, sind die Profis die größten Integrations-Verhinderer. Auch insofern bedarf es der staatlichen Steuerung, weil sonst die Hilfsbedürftigen, um die es doch angeblich immer gehen soll, nie das Maß an Integration erreichen, das ihnen eigentlich möglich wäre.

Hier ist allerdings festzustellen, dass es ziemlich genau seit 1980 eine neue, sozial engagierte Bürgerbewegung gibt, einen kulturellen Umbruch in der Bevölkerung in der Breite – offenbar analog zu dem menschheitsgeschichtlich ganz unbekannten Anwachsen des gesamtgesellschaftlichen Hilfebedarfs. Jedenfalls beweisen die Ergebnisse aller denkbarer Messinstrumente diese neue Bürgerbewegung als eine Tatsache.

Um hierfür nur einige Beispiele zu geben: seit 1980 steigt die Zahl der Freiwilligen, der Nachbarschaftsvereine, haben sich die Selbsthilfegruppen systematisiert, ist die Hospizbewegung entstanden, zeigen uns die Aids-Kranken, wie man noch die schwerste Pflege- und Sterbebegleitung in den eigenen vier Wänden organisieren kann, wenn man es nur wirklich will, boomen die Bürgerstiftungen, ist die Familienpflege nicht nur für Behinderte, sondern auch für Alterspflegebedürftige und Demente wiederbelebt, gibt es das generationsübergreifende Siedeln mit gegenseitigem Hilfeversprechen und sind gerade in den letzten Jahren inzwischen etwa 500 der schon erwähnten ambulanten Nachbarschafts-Wohnpflegegruppen für alle schwerer Pflegebedürftigen entstanden.

Da dies nun wahrlich kein sozialromantischer Wunschtraum, sondern ein schlichtes Faktum ist, haben Bund, Länder und Kommunen und damit auch z. B. Psychiatrie-Koordinatoren diese Bürgerbewegung als etwas Neues, das in keiner Weise mit den alten Ehrenamtlern zu verwechseln ist, zur Kenntnis zu nehmen, öffentlich bekannt zu machen und aktiv zu fördern, z. B. durch regionale Veranstaltungen den vielen, meist isolierten Initiativen zu einem Bewegungs-Bewusstsein zu bringen und durch geldwerte Anreize (bei der Rente oder den Kassenbeiträgen) zu stabilisieren, weil nur dann verlässlich damit zu rechnen ist. Natürlich gehört im weiteren Sinne auch die überfällige Anerkennung von Pflegezeiten dazu; hier waren übrigens die Dänen die Ersten, in dem erst mal zwei Kommunen freiwillig den Pflegenden Zweidrittel ihres Gehalts für eine bestimmte Zeit gezahlt haben, was erst danach zum Gesetz gemacht wurde.

Wenn man nach den Gemeinsamkeiten und Motiven dieser neuen sozialen Bürgerbewegung fragt, scheinen erst mal drei Faktoren eine Rolle zu spielen:

a) Immer mehr Menschen leiden an zuviel sinnfreier Zeit. Dabei ist vor allem an die Millionen Menschen im dritten Lebensalter – wie ich – zu denken, die nach der Berentung in der Regel 15 Jahre lang bei meist gnadenloser Gesundheit dumm rumsitzen und wissen nicht, wofür sie da sind; ähnliches gilt für die Langzeitarbeitslosen, nicht zuletzt im Osten. Ein Staat, der dies tatenlos zulässt, hat kaum das Recht, von einer Krise zu sprechen. Der Zugewinn an freier Zeit kann nämlich von Menschen nur bis zu einem Optimum genossen werden. Hat man noch mehr davon, schlägt das Genießen in Leiden um, aus dem nur ein Stück sozialer Erdung befreit, eine Tagesdosis an Bedeutung für Andere, für Andere da zu sein (nicht zuviel, aber auch nicht zuwenig, nicht gar nicht), wenn man so will, ein Stück Fremdbestimmung, bevor dann die restliche freie Zeit auch wieder als Selbstbestimmungsgewinn genossen werden kann. Insofern sind alle Menschen objektiv auch helfensbedürftig, auch wenn kaum jemand sich dazu freiwillig bekennen kann. Dies ist bei der Mobilisierung von Bürgerengagement zu berücksichtigen.

b) Immer mehr Menschen leiden insofern an zu wenig Geld, als ihre Haushalte allein nicht mehr durch Erwerbsarbeit finanzierbar sind, weshalb sie Zweit- oder Drittjobs benötigen, die natürlich im sozialen Bereich in einer Dienstleistungsgesellschaft besonders nahe liegen. Es gibt daher schon längst den neuen Bürgertyp des sozialen Zuverdieners oder des Semi-Profis. Die neue Bürgerbewegung unterscheidet sich von der alten auch dadurch, dass die Bürger heute nicht nur Zeit geben, sondern auch Geld nehmen. Auch dies ist in dem schon erwähnten Landkreis Schwandorf optimal organisiert, und das Behindertenreferat der Ev. Stadtkirche Essen kennt 200 „hauptamtliche Freiwillige".

c) Die regelmäßigen Emnid-Befragungen zum bürgerschaftlichen Engagement ergeben beständig ein Dreidrittel-Antwortmuster: ein Drittel ist schon engagiert, ein zweites Drittel ist nicht interessiert, jedoch das dritte Drittel ist besonders interessant, weil hier geantwortet wird, dass man sich durchaus ein Engagement von 5 oder 10 Wochenstunden vorstellen könne, bloß habe doch noch niemand sie danach gefragt. Daraus ergibt sich, dass mir, wenn mir für ein Projekt noch Bürger fehlen, die Methode des Klinkenputzens hilft: statistisch würde ich bei jeder dritten Klinke fündig.

5. Der für ein neues Hilfesystem strukturell wichtigste Beitrag der neuen Bürgerbewegung ist die Wiederbelebung des dritten Sozialraums der Nachbarschaft (zwischen dem privaten und dem öffentlichen Sozialraum), auch „Wir-Raum" genannt.

Während es selbstverständlich ist, dass alle Kulturen der Menschheitsgeschichte diesen dritten Sozialraum dringend brauchten und dass er in den letzten 100 Jahren aufgrund der Professionalisierung des Helfens überflüssig zu sein schien, ist es nun ebenso selbstverständlich, dass wir ihn nun wiederentdecken müssen. Das liegt an den drei präzisen und vital wichtigen Funktionen, die der dritte Sozialraum der Nachbarschaft immer gehabt hat: erstens für den überdurchschnittlichen Hilfebedarf (wenn die Familie an ihre Grenzen kommt), zweitens für hilfsbedürftige Alleinstehende (die gar keine Familie haben) und drittens für sämtliche Prozesse der Integration von Ausgegrenzten, egal, ob für Behinderte, Migranten oder Demente (wofür die beiden anderen Sozialräume entweder zu klein oder zu groß sind). Es ist daher kein Wunder, dass die meisten Initiativen der neuen Bürgerbewegung sich auf diesen dritten Sozialraum begrenzen, auf ihr Viertel, ihren Stadtteil, ihre Nachbarschaft, ihre Dorfgemeinschaft. Das Funktionsgeheimnis der Nachbarschaftshilfe besteht nämlich darin, dass die Durchschnittsbürger, die nie von sich aus gern helfen, sich nicht für „die" Behinderten oder Dementen bewegen lassen, wohl aber für „unsere" Behinderten oder Dementen; „denn die gehören ja zu uns!" So aber lässt sich bürgerschaftliche Engagement vermehrfachen – die einzige noch nicht ausgeschöpfte Ressource für das explosive Anwachsen des gesamtgesellschaftlichen Hilfebedarfs.

Hieraus ergeben sich dramatische Aufgaben für den Staat und seine Organe. Zunächst gilt es, ein kulturelles Nachbarschaftsbewusstsein in der Gesellschaft selbstverständlich zu machen. Entsprechend muss es in allen Lehrplänen der Schulen vorkommen, dass unsere Gesellschaft nicht aus zwei, sondern aus drei Sozialräumen besteht. Und schließlich haben sich alle Kommunalverwaltungen um ein Amt für Nachbarschaft oder zumindest einen Nachbarschafts-Beauftragten zu vervollständigen, wie es übrigens in vielen Städten der USA immer schon selbstverständlich war, bis hin zu eigenen, selbstverwalteten Nachbarschafts-Budgets.

6. Dem neuen Hilfesystem entspricht der Umschlag von der großräumig-institutionellen in die kleinräumig-bürgerbasierten Organisationsformen des Helfens, logische Folge des Wandels von der Industrie- in die postmoderne oder besser postsäkulare Dienstleistungsgesellschaft.
Dass der dritte Sozialraum in Gestalt eines Stadtteils, eines Viertels oder einer Dorfgemeinschaft zur Basiseinheit der Organisation des Helfens wird (auch dies eine neue Aufgabe z. B. für Psychiatriekoordinatoren), dazu gibt es keine Alternative, schon weil nur hier die Systeme der Bürgerhilfe und der Profihilfe synchronisierbar sind, dies auch dem Wunsch- und Wahlrecht der Bürger entspricht und die damit verbundene territoriale Selektion als einzige in einem demokratischen Rechtsstaat legitimierbar ist; denn dies bedeutet, dass ich zwar – als Profi wie als Bürger – mich auf mein Stadtviertel begrenzen darf, dafür aber dort für alle diagnostischen Arten und Schweregrade von Hilfsbedarf verantwortlich bin.

Das hat weitreichende Folgen:
1. Verzicht und Abbau von zuviel Spezialisierung;
2. Hilfe ist grundsätzlich als Bürger-Profi-Mix zu organisieren; so hat z. B. in Maroldsweisach/Unterfranken ein Heim seine Behinderten dadurch mit ungewöhnlichem Integrations- und Stabilitätserfolg in eigene Wohnungen entlassen können, dass jeder Behinderte nicht nur – über ambulantes betreutes Wohnen – einen Profi, sondern auch noch einen Bürger-Paten als Reisebegleiter bekommt, wobei die Verlässlichkeit des Letzteren durch 10 % des Geldes für das betreute Wohnen garantiert wurde – was heute zum fachlichen Standard gerechnet und von jedem Heimträger auf der Stelle verwirklicht werden kann;

3. dies fördert es weiterhin, dass alle Beteiligten sich mit dem Territorium „unseres" Viertels und der Erschließung all seiner Integrations-Ressourcen identifizieren können;

4. und dies bedeutet schließlich die Garantie, dass niemand wegen seiner Behinderungsschwere dauerhaft die Vertrautheit seines Viertels verlieren muss: Prinzip der Integration für alle (man kann nicht ein bisschen integrieren) und Prinzip, mit dem „Letzten" zu beginnen, dem daher auch die meisten der immer zu knappen Ressourcen zugestanden sind, auch wenn dann die Ressourcen für die leichter Behinderten nicht mehr reichen, was heute auch mit Vorteilen für deren Gesundheit verbunden sein kann.

Im Übrigen gilt das Prinzip der Entspezialisierung pro Viertel auch für die Beratung, wobei im Einzelfall dennoch erforderliche Fachspezialisierung überregional zu organisieren und anzufordern ist.

Das mit Abstand dafür heute lehrreichste Modell sind die schon erwähnten ambulanten Nachbarschaft-Wohnpflegegruppen, vor allem wenn sie – wie in Bielefeld – gemeinsam mit den Wohnungsbaugesellschaften und einem Heimträger betrieben werden. Die wichtigsten Elemente dieses Modells sind:

1. Zuständigkeit für alle Hilfsbedürftigen eines Viertels von einem bestimmten Schweregrad an, daher keine diagnostische Monokultur, was wegen ihrer Unterschiedlichkeit dazu führt, dass die dort lebenden Mieter sich wesentlich mehr zu erzählen haben.

2. Die Wohngruppe wird als ein Haushalt geführt, an dem sich alle zu beteiligen haben, wie gering auch immer, und dadurch zu ihrer Tagesdosis an Bedeutung für Andere kommen, was sich bis ins Sterben hinein positiv auswirkt.

3. Die dort meist erforderliche 24-Stunden-Präsenz erlaubt nicht nur die Betreuung von Menschen in der neuen menschlichen Seinsweise der Demenz oder des Wachkomas, sondern die Wohngruppe ist für einen Einzelnen auch mal als geschlossen zu betreiben, was wie für eine Stadt wie Stuttgart auch mal für eine ganze Wohngruppe gelten kann, was ohne jede Ideologie – allein nach dem Bedarf – begründbar ist.

4. Die Zuständigkeit für alle Arten von Hilfe- und Pflegebedürftigkeit macht dies neue Hilfesystem auch für alle Bürger des Viertels in hohem Maße attraktiv, weil sie sich sagen können: „Heute besteht die Vollständigkeit der Kultur unseres Viertels nicht mehr nur in der Zahl der Kindergarten-plätze, sondern auch in der Zahl der Pflegeplätze; unsere Wohngruppe verschafft mir und meiner Familie Versorgungssicherheit für alle denkba-ren Pflegerisiken, weshalb wir uns hier gern engagieren, etwa für die Ab-deckung der 24-Stunden-Präsenz."

5. Schließlich ist hiermit auch eine absolute Finanzierungssicherheit ge-geben: Nicht nur weil diese Wohngruppe bei mehrfach dichterer personel-ler Begleitung in der Regel billiger ist als ein Heim; vielmehr gilt dies auch für die – rein theoretischen – Extreme: Hat man beliebig viel Geld, kann man jede Tätigkeit durch Profis verrichten lassen und bezahlen; würde über Nacht jegliche Finanzierungsmöglichkeit wegbrechen, würden die Angehörigen, die Nachbarn und die übrigen Bürger „ihre" Wohngruppe selbst in die Hand nehmen. Dies, wie gesagt, nur theoretisch.

7. Das m. E. einzige, dem neuen Hilfesystem angemessene Finanzie-rungssystem ist das Sozialraum-Budget.

Das persönliche Budget – der Idee nach hervorragend – ist mit dem Nach-teil behaftet, unvermeidlich die weniger oder kaum Behinderten zu be-günstigen und die Hilfsbedürftigsten zu benachteiligen (ebenfalls diejeni-gen, bei denen die Hilfe weniger technisch, sondern mehr durch Bezie-hungsgestaltung erfolgt). Ein zukunftsfähiges, neues Hilfesystem, das nicht zu einem Fass ohne Boden wird, muss aber ebenso unvermeidlich mit den Hilfsbedürftigsten beginnen. Hierfür ist das regionale Sozialraum-Budget am ehesten geeignet. Dafür kann man anknüpfen an die Erfah-rungen der Jugendhilfe, von wo – z. B. in Hamburg und Husum – ziemlich brauchbare Ansätze geschaffen wurden: Alle beteiligungsbereiten Träger werden anteilig bezahlt und entsenden entsprechend Mitarbeiter, die ein Team bilden, das unter Anleitung des Jugendamts für ambulante und sta-tionäre Hilfen sowie für die Förderung der Integrationsfreundlichkeit des Sozialraums selbst zuständig ist, wobei man mit einer Sozialraum-Größe von 20 bis 30.000 Einwohnern bisher an der oberen Grenze agiert. Anfangs gab es gut verständliche Profi- und Träger-Widerstände, weshalb auch hier staatliche Steuerung erforderlich ist. In Husum ist man inzwischen so begeistert von dieser Problemlösung, dass man sie auch auf die Behinderten- und Altenhilfe erweitern will. Schließlich gehört es zu den Vorteilen des Sozialraum-Budgets, dass es weitgehend marktresistent ist; das gilt schon für den Sozialraum-Ansatz überhaupt, um so mehr für das Sozialraum-Budget; denn nur so hat man es in der Hand, das Helfen wirklich von den hilfsbedürftigsten „Letzten" her zu beginnen.

Menschheitsgeschichtlich galt immer schon, dass das Helfen als Basis für die Lebendigkeit der gesellschaftlichen Beziehungen, als Garantie für die Kohärenz, den Kitt, der Gesellschaft anzusehen war. Daher ist das Helfen vielleicht die einzige menschliche Tätigkeit, die nicht zur marktfähigen Ware werden darf, während in den meisten übrigen gesellschaftlichen Bereichen die Marktprinzipien das wohl wirksamste Steuerungsinstrument darstellen. Heute bestätigt sich diese kulturelle Erfahrung dadurch, dass 25 Jahre marktfördernder Gesundheits- und Sozialgesetzgebung wegen des betriebswirtschaftlichen Expansionszwangs und der unvermeidlichen Bevorzugung der lohnendsten geringfügig Behinderten sich nicht nur integrations-hemmend, sondern auch kostentreibend ausgewirkt haben. Eine Gesellschaft, die das Helfen vermarktlicht, ist zwar eine Marktgesellschaft, aber keine Gesellschaft mehr. Und ein Staat, der das nicht verhindern kann, ist kein Staat mehr; vielmehr würde er sich als Staat nur dann beweisen, wenn er in Befolgung seiner eigenen Gesetze und der höchst richterlichen Rechtssprechung alles daran setzen würde, gerade seinen hilfsbedürftigen Bürgern so umfassend und so schnell wie möglich das freiheitseinschränkende und integrationshemmende Leben in einem Heim abzukürzen oder zu ersparen und ihnen stattdessen das von ihnen auch gewünschte integrierte Leben mit ihrer Behinderung in der Vertrautheit ihrer eigenen Wohnung oder wenigstens in der Vertrautheit ihres eigenen Viertels – unabhängig vom Grad der Hilfsbedürftigkeit - (wie auch schon hinreichend geprüft und bewährt) beginnend vom „Letzten" her und unter Wahrung der rechtsgleichen Daseinsvorsorge für alle zu eröffnen.

Anhang 6: Fragebogen Silvia Schmidt

Fragebogen zur Bundesinitiative „Daheim statt Heim"

Sehr geehrte Damen und Herren,

im Rahmen meiner Diplomarbeit zum Thema „Gemeindenahe Wohnformen für Menschen mit geistiger Behinderung" begleite ich seit einigen Monaten die Bundesinitiative „Daheim statt Heim". Die Arbeit der Bundesinitiative stellt einen zentralen Teil der Diplomarbeit dar und daher ist es für mich ausgesprochen wichtig, das Wissen und die Meinung einiger Experten, die in der Bundesinitiative engagiert sind, in meine Diplomarbeit mit einzubauen.

Aus diesem Grund möchte ich Sie nun bitten, an dieser Befragung teilzunehmen und auf die Fragen möglichst umfassend und ausführlich zu antworten, denn nur so ist es mir möglich, in meiner Diplomarbeit ein exaktes und detailliertes Bild der Bundesinitiative wiederzuspiegeln, was sicher auch in Ihrem Interesse ist.

Vielen Dank für Ihre Zeit und Ihr Interesse,
Mirjam Günther

---

1. Die Bundesinitiative „Daheim statt Heim" existiert nun seit beinahe einem Jahr. Wie würden Sie die Entwicklungen in der Arbeit und den bisherigen Erfolg der Bundesinitiative einschätzen?

Das Anliegen der Bundesinitiative findet großen Zuspruch, ihr Bekanntheitsgrad nimmt ständig zu. Es gibt sehr viele Einzelanfragen von Menschen, die entweder nicht in ein Heim ziehen möchten oder von denjenigen, die ein selbstbestimmtes Leben führen möchten.

2. Welche Pläne und Strategien verfolgt die Bundesinitiative in ihrer momentanen Arbeit und wie gestaltet sich die Planung für die Arbeit im nächsten Jahr?

Fortsetzung der bisherigen Arbeit: Auftritte auf Veranstaltungen, Präsenz auf Messen, wie beispielsweise der Reha Care vom 3.-6. Oktober 2007 in Düsseldorf, Pressearbeit, noch mehr Auslandskontakte (Besuch beim österreichischen Ableger im Dezember!).

3. Welche Rahmenbedingungen (z.B. in Form von Gesetzen) sind nötig, um die Ziele der Bundesinitiative „Daheim statt Heim" zu verwirklichen? In welcher Weise versucht die Bundesinitiative, diese Rahmenbedingungen zu schaffen, bzw. vorhandene Bedingungen zu ihren Gunsten zu verändern?

Gesetzentwurf zur Assistenz (siehe Homepage „Aktuelles), Ambulantisierung soll in die Regierungsprogramme aufgenommen werden wie dies bei den Koalitionsverhandlungen in Bremen geschehen. Einmischung in die Landtagswahlkämpfe.
Umsetzung der UN-Konvention über die Rechte von Menschen mit Behinderung

4. Welche Aspekte von „Daheim statt Heim" halten Sie für besonders positiv?

Aus dem Thesenpapier lassen sich schlecht Einzelaspekte herauslösen.
Besonders positiv ist, dass es wirklich einzig und allein um den Menschen geht und dass die Initiative parteiübergreifend konzipiert ist, auch wenn das noch nicht alle Parteien registriert haben.

5. Wo sehen Sie Verbesserungs- und Entwicklungsmöglichkeiten in der Arbeit der Bundesinitiative?

Die Initiative ist erst im Aufbau begriffen und personell unterbesetzt. Entwicklungsmöglichkeiten: Ausweitung auf Europa, innerhalb Deutschlands überall „Daheim statt Heim"- Gruppen, die vor Ort arbeiten, Unterstützertreffen etc.

6. Wo müssen weitere Schwerpunkte gesetzt werden und welche Aspekte müssen in Zukunft noch mehr Beachtung finden?

7. Wer (welche Personengruppe) profitiert Ihrer Meinung nach am meisten von der Arbeit der Bundesinitiative „Daheim statt Heim" und warum?

Menschen mit Behinderung, insbesondere auch Kinder mit Schwerst- und Mehrfachbehinderung, ältere Menschen mit Behinderung, ältere Menschen generell.

8. „Daheim statt Heim" ist ein provokant gewählter Titel. Wie reagieren Sie, wenn der Titel zu dem Missverständnis führt, es sei für alte Menschen und Menschen mit Behinderungen grundsätzlich besser, wenn sie zu Hause von ihren Eltern oder ihrer Familie betreut werden würden?

Wir machen den Menschen klar, dass wir die Arbeit der Angehörigen sehr schätzen. Doch die meisten sehen die Notwendigkeit der Assistenz. Der Titel provoziert vorrangig diejenigen, die selbst Heime unterhalten. Dass der Titel provozieren soll, geben wir offen zu und betonen, dass der Heimabbau nicht von heute auf morgen gehen wird, sondern dass zeitgleich ambulante Strukturen etc. aufgebaut werden müssen. Wir argumentieren sehr differenziert und sehen auch die Gefahr, dass Menschen zuhause vereinsamen. Deshalb ist immer das Argument der Teilhabe wichtig.

9. Wie sehen Sie Ihre persönliche Rolle in der Bundesinitiative „Daheim statt Heim" und was können Sie von daher zur Arbeit der Bundesinitiative beitragen?

Als Initiatorin und Mitglied des Bundestages besteht die Möglichkeit, in die politischen Gremien hineinzuwirken.

10. Welche Zielvorstellungen verbinden Sie persönlich mit „Daheim statt Heim"? Welchen Schwerpunkt oder welche Schwerpunkte würden Sie persönlich bei der Arbeit der Bundesinitiative setzen?

Die persönlichen Schwerpunkte unterscheiden sich nicht von denen im Thesenpapier.

11. Gibt es Ihrer Meinung nach noch weitere wichtige Aspekte zur Arbeit der Bundesinitiative „Daheim statt Heim", die bisher noch nicht oder zu wenig angesprochen wurden?

Das wird sich herausstellen, wenn noch mehr über die Bundesinitiative diskutiert wird. Sie ist offen für Anregungen und ist gesprächsbereit.

Anhang 7: Fragebogen Elke Bartz

Fragebogen zur Bundesinitiative „Daheim statt Heim"

Sehr geehrte Damen und Herren,

im Rahmen meiner Diplomarbeit zum Thema „Gemeindenahe Wohnformen für Menschen mit geistiger Behinderung" begleite ich seit einigen Monaten die Bundesinitiative „Daheim statt Heim". Die Arbeit der Bundesinitiative stellt einen zentralen Teil der Diplomarbeit dar und daher ist es für mich ausgesprochen wichtig, das Wissen und die Meinung einiger Experten, die in der Bundesinitiative engagiert sind, in meine Diplomarbeit mit einzubauen.

Aus diesem Grund möchte ich Sie nun bitten, an dieser Befragung teilzunehmen und auf die Fragen möglichst umfassend und ausführlich zu antworten, denn nur so ist es mir möglich, in meiner Diplomarbeit ein exaktes und detailliertes Bild der Bundesinitiative wiederzuspiegeln, was sicher auch in Ihrem Interesse ist.

Vielen Dank für Ihre Zeit und Ihr Interesse,
Mirjam Günther

---

1. Die Bundesinitiative „Daheim statt Heim" existiert nun seit beinahe einem Jahr. Wie würden Sie die Entwicklungen in der Arbeit und den bisherigen Erfolg der Bundesinitiative einschätzen?

Die Initiative wird von vielen Menschen mit unterschiedlichen Hintergründen (behinderte Menschen, Angehörigen, Politikern, Dienstleistern usw. getragen. Dies ist sicher ein Novum gegenüber anderen Initiativen mit ansonsten gleicher oder ähnlicher Zielsetzung.

Sie ist trotz der Kürze der Zeit im ganzen Bundesgebiet und darüber hinaus bekannt. Viele Veranstaltungen haben unter ihrem Motto bereits stattgefunden.

2. Welche Pläne und Strategien verfolgt die Bundesinitiative in ihrer momentanen Arbeit und wie gestaltet sich die Planung für die Arbeit im nächsten Jahr?

Weitere UnterstützerInnen zu gewinnen. Sie noch bekannter zu machen beispielsweise durch Aktionen, Tagungen usw.

3. Welche Rahmenbedingungen (z.B. in Form von Gesetzen) sind nötig, um die Ziele der Bundesinitiative „Daheim statt Heim" zu verwirklichen? In welcher Weise versucht die Bundesinitiative, diese Rahmenbedingungen zu schaffen, bzw. vorhandene Bedingungen zu ihren Gunsten zu verändern?

Ambulant vor (oder besser statt) stationär im Rahmen der Reform der Pflegeversicherung und der Eingliederungshilfe zu stärken, ein Moratorium für den Heimbaustopp zu verabschieden, damit verbundene (politische) Gremienarbeit

4. Welche Aspekte von „Daheim statt Heim" halten Sie für besonders positiv?

Gemeinsam das Ziel zu verfolgen, dass jeder Mensch – egal welchen alters und welcher Schwere der Behinderung und des Umgangs des Unterstützungsbedarfes ein Leben im eigenen sozialen Umfeld zu ermöglichen

5. Wo sehen Sie Verbesserungs- und Entwicklungsmöglichkeiten in der Arbeit der Bundesinitiative?

Sponsoren zu finden, die die Aktivitäten zu finanzieren helfen, um noch effizienter arbeiten zu können

6. Wo müssen weitere Schwerpunkte gesetzt werden und welche Aspekte müssen in Zukunft noch mehr Beachtung finden?

Die Schwerpunkte sind hinreichend definiert, die Zielsetzung ist deutlich

7. Wer (welche Personengruppe) profitiert Ihrer Meinung nach am meisten von der Arbeit der Bundesinitiative „Daheim statt Heim" und warum?

Am meisten sicher behinderte und alte Menschen, letztendlich bei Erreichen der Ziele die gesamte Gesellschaft – behinderte und alte Menschen, weil sie die Hilfen dort bekommen, wo sie es wollen – die Gesellschaft, weil sie humaner wird und letztendlich sogar Kosten einspart

8. „Daheim statt Heim" ist ein provokant gewählter Titel. Wie reagieren Sie, wenn der Titel zu dem Missverständnis führt, es sei für alte Menschen und Menschen mit Behinderungen grundsätzlich besser, wenn sie zu Hause von ihren Eltern oder ihrer Familie betreut werden würden?

Ambulant heißt nicht mit oder ohne Familie allein gelassen zu werden, sondern unterschiedliche Unterstützungsangebote vorzufinden, die den individuellen Bedürfnissen gerecht werden.

9. Wie sehen Sie Ihre persönliche Rolle in der Bundesinitiative „Daheim statt Heim" und was können Sie von daher zur Arbeit der Bundesinitiative beitragen?

Als "Selbstbetroffene" darzustellen, was es bedeutet, in einem "Heim" gelebt zu haben, und welche Möglichkeiten man hat, wenn die ambulanten Hilfen bedarfsgerecht zur Verfügung stehen – Veranstaltungen organisieren und besuchen – Kontakte zu politisch verantwortlichen suchen – Einrichtungsträger motivieren sich aufzulösen und ambulante Angebote zu konzipieren – Beispiele guter Praxis zu sammeln und bekannt zu machen sowie zu vernetzen

10. Welche Zielvorstellungen verbinden Sie persönlich mit „Daheim statt Heim"? Welchen Schwerpunkt oder welche Schwerpunkte würden Sie persönlich bei der Arbeit der Bundesinitiative setzen?

Alles mir mögliche dafür zu tun, dass es irgendwann keine stationären Aussonderung mehr gibt

11. Gibt es Ihrer Meinung nach noch weitere wichtige Aspekte zur Arbeit der Bundesinitiative „Daheim statt Heim", die bisher noch nicht oder zu wenig angesprochen wurden?

Fallen mir spontan nicht ein

Anhang 8: Fragebogen Ottmar Miles-Paul

Fragebogen zur Bundesinitiative „Daheim statt Heim"

Sehr geehrte Damen und Herren,

im Rahmen meiner Diplomarbeit zum Thema „Gemeindenahe Wohnformen für Menschen mit geistiger Behinderung" begleite ich seit einigen Monaten die Bundesinitiative „Daheim statt Heim". Die Arbeit der Bundesinitiative stellt einen zentralen Teil der Diplomarbeit dar und daher ist es für mich ausgesprochen wichtig, das Wissen und die Meinung einiger Experten, die in der Bundesinitiative engagiert sind, in meine Diplomarbeit mit einzubauen.

Aus diesem Grund möchte ich Sie nun bitten, an dieser Befragung teilzunehmen und auf die Fragen möglichst umfassend und ausführlich zu antworten, denn nur so ist es mir möglich, in meiner Diplomarbeit ein exaktes und detailliertes Bild der Bundesinitiative wiederzuspiegeln, was sicher auch in Ihrem Interesse ist.

Vielen Dank für Ihre Zeit und Ihr Interesse,
Mirjam Günther

1. Die Bundesinitiative „Daheim statt Heim" existiert nun seit beinahe einem Jahr. Wie würden Sie die Entwicklungen in der Arbeit und den bisherigen Erfolg der Bundesinitiative einschätzen?

Für die vergleichsweise kurze Zeit seit es die Initiative gibt und die äußerst geringen finanziellen Ressourcen, die der Initiative derzeit noch zur Verfügung stehen, hat sich schon enorm viel getan. Viele Veranstaltungen, das Thema wird diskutiert, Fernsehbeiträge und über 1.300 Unterstützer, darunter auch eine Reihe von Verbänden. Das ist gut.

2. Welche Pläne und Strategien verfolgt die Bundesinitiative in ihrer momentanen Arbeit und wie gestaltet sich die Planung für die Arbeit im nächsten Jahr?

Bisher Aufklärung, Öffentlichkeitsarbeit, Finden von Unterstützern, politische Veränderungen (Koalitionsvertrag in Bremen), Vorantreiben konkreter Veränderungen für die Einzelnen, zum Beispiel Persönliche Budgets.

In Zukunft steht an: Konkrete gesetzliche Veränderungen, wie in der Pflegeversicherung. Nutzung des persönlichen Budgets, Reform und Abbau von Einrichtungen, Veranstaltungen, etc.

3. Welche Rahmenbedingungen (z.B. in Form von Gesetzen) sind nötig, um die Ziele der Bundesinitiative „Daheim statt Heim" zu verwirklichen? In welcher Weise versucht die Bundesinitiative, diese Rahmenbedingungen zu schaffen, bzw. vorhandene Bedingungen zu ihren Gunsten zu verändern?

In Bremen wurden beispielsweise im Koalitionsvertrag zwischen SPD und Grünen vereinbart, keine neuen Heime zu bauen und die ambulanten Angebote zu stärken. Die Pflegeversicherung muss teilhabeorientiert sein und die ambulante Unterstützung in den Vordergrund stellen. Ein Heimbaustopp muss verkündet werden und ambulante Angebote ausgebaut werden.

4. Welche Aspekte von „Daheim statt Heim" halten Sie für besonders positiv?

Die klaren Forderungen und die Zusammenarbeit der unterschiedlichsten Akteure

5. Wo sehen Sie Verbesserungs- und Entwicklungsmöglichkeiten in der Arbeit der Bundesinitiative?

In der Organisationsstruktur. Doch dafür brauchen wir Geld

6. Wo müssen weitere Schwerpunkte gesetzt werden und welche Aspekte müssen in Zukunft noch mehr Beachtung finden?

Die Orientierung an den Menschen mit sehr hohem Unterstützungsbedarf muss das Maß der Dinge sein. Der Heimbaustopp muss konsequent voran getrieben werden. Und die Bewegung älterer Menschen, die nicht in Heimen leben wollen, muss verstärkt eingebunden werden.

7. Wer (welche Personengruppe) profitiert Ihrer Meinung nach am meisten von der Arbeit der Bundesinitiative „Daheim statt Heim" und warum?

Alle, denn wir werden alle älter und hoffentlich auch diejenigen mit hohem Unterstützungsbedarf.

8. „Daheim statt Heim" ist ein provokant gewählter Titel. Wie reagieren Sie, wenn der Titel zu dem Missverständnis führt, es sei für alte Menschen und Menschen mit Behinderungen grundsätzlich besser, wenn sie zu Hause von ihren Eltern oder ihrer Familie betreut werden würden?

Zu Hause ist dort wo die Menschen leben wollen, sich wohl fühlen und ihre „Heimat" haben. Deshalb sollen sie selbst wählen können, wo sie leben wollen und dort die Unterstützung bekommen, die sie brauchen. Wer bei Angehörigen leben will und wo diese das auch wollen, soll das tun und auch dort Unterstützung bekommen, dass es nicht zu Überlastungen kommt, wer nicht, soll wie jede/r andere auch wählen können.

9. Wie sehen Sie Ihre persönliche Rolle in der Bundesinitiative „Daheim statt Heim" und was können Sie von daher zur Arbeit der Bundesinitiative beitragen?

Als Antreiber, der schon Jahre lang diese Richtung vertritt. Als Vertreter der Organisationen von behinderten Menschen selbst, der die eigene Betroffenheit einbringen kann, was es heißt, einmal hunderte von Kilometern weg in eine Sonderschule gemusst zu haben, nur weil er schlechter sieht. Dann verstehe ich mich auch noch als Stratege, der versucht, in verschiedenen Bereichen, Erfolge zu erziehlen, zu motivieren und hoffentlich auch bald „Siegesfeiern" zu organisieren.

10. Welche Zielvorstellungen verbinden Sie persönlich mit „Daheim statt Heim"? Welchen Schwerpunkt oder welche Schwerpunkte würden Sie persönlich bei der Arbeit der Bundesinitiative setzen?

Das ich bzw. meine Freunde oder auch diejenigen behinderten und älteren Menschen, die ich noch nicht kenne, so leben können, wie es für sie am besten ist und dafür eine würdevolle Unterstützung und einen würdevollen Rahmen zu bekommen, der dem Standard unserer Kultur entspricht.

11. Gibt es Ihrer Meinung nach noch weitere wichtige Aspekte zur Arbeit der Bundesinitiative „Daheim statt Heim", die bisher noch nicht oder zu wenig angesprochen wurden?

Wichtig finde ich, dass es gelingt, den Brückenschlag zwischen den Erfahrungen und Modellen, die behinderte Menschen gemacht haben bzw. entwickelt haben, auch auf ältere Menschen zu übertragen und zu schauen, was dort möglich ist. Denn oft sind die Bedürfnisse ähnlich und das Rad muss nicht immer neu erfunden werden.

Anhang 9: Fragebogen Karl Finke

Fragebogen zur Bundesinitiative „Daheim statt Heim"

Sehr geehrte Damen und Herren,

im Rahmen meiner Diplomarbeit zum Thema „Gemeindenahe Wohnformen für Menschen mit geistiger Behinderung" begleite ich seit einigen Monaten die Bundesinitiative „Daheim statt Heim". Die Arbeit der Bundesinitiative stellt einen zentralen Teil der Diplomarbeit dar und daher ist es für mich ausgesprochen wichtig, das Wissen und die Meinung einiger Experten, die in der Bundesinitiative engagiert sind, in meine Diplomarbeit mit einzubauen.

Aus diesem Grund möchte ich Sie nun bitten, an dieser Befragung teilzunehmen und auf die Fragen möglichst umfassend und ausführlich zu antworten, denn nur so ist es mir möglich, in meiner Diplomarbeit ein exaktes und detailliertes Bild der Bundesinitiative wiederzuspiegeln, was sicher auch in Ihrem Interesse ist.

Vielen Dank für Ihre Zeit und Ihr Interesse,
Mirjam Günther

1. Die Bundesinitiative „Daheim statt Heim" existiert nun seit beinahe einem Jahr. Wie würden Sie die Entwicklungen in der Arbeit und den bisherigen Erfolg der Bundesinitiative einschätzen?
Die Bundesinitiative ist bundesweit im Gespräch und findet zunehmend Zuspruch bei behinderten Menschen aber auch zunehmend Gegenwind bei Einrichtungsträgern und den dazugehörigen Verbänden.

2. Welche Pläne und Strategien verfolgt die Bundesinitiative in ihrer momentanen Arbeit und wie gestaltet sich die Planung für die Arbeit im nächsten Jahr?
Gezielte Öffentlichkeitsarbeit, Initiativen im politischen Raum, verstärkte Kooperation mit Behinderten und Sozialverbänden

3. Welche Rahmenbedingungen (z.B. in Form von Gesetzen) sind nötig, um die Ziele der Bundesinitiative „Daheim statt Heim" zu verwirklichen? In welcher Weise versucht die Bundesinitiative, diese Rahmenbedingungen zu schaffen, bzw. vorhandene Bedingungen zu ihren Gunsten zu verändern?

Diskussion um Pflegeversicherung, einheitliche Pflegesätze für selbst- und fremdorientierte Pflege, Initiative zu barrierefreiem Umfeld um Ambulantisierung zu ermöglichen

4. Welche Aspekte von „Daheim statt Heim" halten Sie für besonders positiv?

Die konsequente Ableitung aus den Interessen des jeweiligen behinderten Menschen, der absolute Vorrang eigenständiger Wohn- und Lebensformen.

5. Wo sehen Sie Verbesserungs- und Entwicklungsmöglichkeiten in der Arbeit der Bundesinitiative?

Eigenes Koordinierungsbüro; verstärkte, unmittelbare Mitgestaltung behinderter Menschen.

6. Wo müssen weitere Schwerpunkte gesetzt werden und welche Aspekte müssen in Zukunft noch mehr Beachtung finden?

Die Bundesinitiative Daheim statt Heim ist konzeptionell und von ihrer zentralen Bedeutung sehr gut aufgestellt.

Da viele Projekte in Länder- oder kommunaler Zuständigkeit sich befinden, müssen mittelfristig die dezentralen Standorte gestärkt und ausgebaut werden.

7. Wer (welche Personengruppe) profitiert Ihrer Meinung nach am meisten von der Arbeit der Bundesinitiative „Daheim statt Heim" und warum?

Die behinderten Menschen selbst, weil hierdurch die Gestaltungshoheit für ihr eigenes Leben bei ihnen bleibt, Entmündigung unterbleibt oder deutlich gemindert wird.

8. „Daheim statt Heim" ist ein provokant gewählter Titel. Wie reagieren Sie, wenn der Titel zu dem Missverständnis führt, es sei für alte Menschen und Menschen mit Behinderungen grundsätzlich besser, wenn sie zu Hause von ihren Eltern oder ihrer Familie betreut werden würden?

Das ist grundsätzlich richtig, dass alte oder behinderte Menschen in ihrer eigenen

Wohnung ihr Leben selbst oder mit Hilfe von Betreuern organisieren. Nordische Länder machen uns das seit vielen Jahren vor.

9. Wie sehen Sie Ihre persönliche Rolle in der Bundesinitiative „Daheim statt Heim" und was können Sie von daher zur Arbeit der Bundesinitiative beitragen?

Ich kann durch eigene Veranstaltungen über Daheim statt Heim informieren, Durch meine Funktionen im Behindertenbereich aufklärend für Daheim statt Heim [..., Wort ist nicht lesbar, M.G.] unterstützen.
Ebenfalls habe ich Wohnformen behinderter Mensch in Hannover begleitet und selbst an integrativen Wohnprojekten mit Menschen mit Behinderung gearbeitet.

10. Welche Zielvorstellungen verbinden Sie persönlich mit „Daheim statt Heim"? Welchen Schwerpunkt oder welche Schwerpunkte würden Sie persönlich bei der Arbeit der Bundesinitiative setzen?

Stärkung der Teilhabe von alten und behinderten Menschen. Mindestens 50% in den Gremien müssen alte oder behinderte Menschen selbst sein und bei Heim statt Daheim [Verwechslung im Original, M.G.]

11. Gibt es Ihrer Meinung nach noch weitere wichtige Aspekte zur Arbeit der Bundesinitiative „Daheim statt Heim", die bisher noch nicht oder zu wenig angesprochen wurden?

Die Bundesinitiative muss sich einbetten in ein Gesamtkonzept zur Teilhabe behinderter Menschen in Wohnung, Arbeit, Bildung und durch ein materiell unabhängig machendes Teilhabegeld.

Anhang 10: Fragebogen Wolfram Scharenberg

Fragebogen zur Bundesinitiative „Daheim statt Heim"

Sehr geehrte Damen und Herren,

im Rahmen meiner Diplomarbeit zum Thema „Gemeindenahe Wohnformen für Menschen mit geistiger Behinderung" begleite ich seit einigen Monaten die Bundesinitiative „Daheim statt Heim". Die Arbeit der Bundesinitiative stellt einen zentralen Teil der Diplomarbeit dar und daher ist es für mich ausgesprochen wichtig, das Wissen und die Meinung einiger Experten, die in der Bundesinitiative engagiert sind, in meine Diplomarbeit mit einzubauen.

Aus diesem Grund möchte ich Sie nun bitten, an dieser Befragung teilzunehmen und auf die Fragen möglichst umfassend und ausführlich zu antworten, denn nur so ist es mir möglich, in meiner Diplomarbeit ein exaktes und detailliertes Bild der Bundesinitiative wiederzuspiegeln, was sicher auch in Ihrem Interesse ist.

Vielen Dank für Ihre Zeit und Ihr Interesse,
Mirjam Günther

1. Die Bundesinitiative „Daheim statt Heim" existiert nun seit beinahe einem Jahr. Wie würden Sie die Entwicklungen in der Arbeit und den bisherigen Erfolg der Bundesinitiative einschätzen?

Die Zusammenarbeit innerhalb der Initiative ist ohne großen Vorlauf zustande gekommen und hat in relativ kurzer Zeit an vielen Stellen Gehör gefunden. Mittlerweile ist die Initiative mit ihren Zielen relativ breit bekannt. Mit relevanten Einrichtungen, Gruppen und Einzelpersonen kommt es zum Austausch. Daher kann die Arbeit in der Initiative, die ja für alle Beteiligten stets nur neben dem umfangreichen Tagesgeschäft vonstatten gehen kann, als durchaus erfolgreich eingeschätzt werden.

2. Welche Pläne und Strategien verfolgt die Bundesinitiative in ihrer momentanen Arbeit und wie gestaltet sich die Planung für die Arbeit im nächsten Jahr?

Austausch und Diskussion in unterschiedlichsten Zusammenhängen ist die wesentliche Aufgabe innerhalb der Initiative. Dabei stehen stets die inhaltlichen Ziele im Vordergrund. An vielen Stellen sind inhaltliche Nähe und Parallelen zur Bundesinitiative zu erkennen. Auch hier gilt es, zu unterstützen und weiter zu argumentieren. Nicht überall, wo der Geist von ‚Daheim statt Heim' drin ist, muss auch ‚Daheim statt Heim' draufstehen. Es geht nicht um die Selbstprofilierung der Initiativgruppe, sondern um inhaltliche Fortschritte in der Sache.

3. Welche Rahmenbedingungen (z.B. in Form von Gesetzen) sind nötig, um die Ziele der Bundesinitiative „Daheim statt Heim" zu verwirklichen? In welcher Weise versucht die Bundesinitiative, diese Rahmenbedingungen zu schaffen, bzw. vorhandene Bedingungen zu ihren Gunsten zu verändern?

Insbesondere gilt es, Finanzierungssystematiken der öffentlichen Kassen zu verändern. Dies insbesondere auf dem Feld der Eingliederungshilfe und der Investitionsanreize für Immobilien in der Behinderten- und Altenhilfe. Hier ist es sinnvoll, wenn sich Akteure oder Unterstützer der Initiative in politischen Auseinandersetzungen engagieren und, wo nur irgend möglich, Einfluss auf parlamentarische Abstimmungsprozesse nehmen.

4. Welche Aspekte von „Daheim statt Heim" halten Sie für besonders positiv?

Inhaltlich: Stärkung der Eigenverantwortlichkeit und Wahlfreiheit für Menschen mit Behinderung und Pflegebedarf; Unterstützung von ‚Community Living'.

Bezüglich der Zusammenarbeit innerhalb der Initiative: Unkomplizierter Austausch, keine formale Vereins- oder Gremienarbeit, bunte Mischung von unterschiedlichen Interessenvertretern.

5. Wo sehen Sie Verbesserungs- und Entwicklungsmöglichkeiten in der Arbeit der Bundesinitiative?

Wünschenswert wäre die Einrichtung eines Kompetenz- und Beratungszentrums, sowohl für Betroffene, als auch für Anbieter, Einrichtungen und öffentliche Verwaltungen.

6. Wo müssen weitere Schwerpunkte gesetzt werden und welche Aspekte müssen in Zukunft noch mehr Beachtung finden?

Es erscheint sinnvoll, nicht allzu viele Aspekte abdecken zu wollen und ‚sich nicht zu verzetteln'.

7. Wer (welche Personengruppe) profitiert Ihrer Meinung nach am meisten von der Arbeit der Bundesinitiative „Daheim statt Heim" und warum?

Kann ich nicht sagen.

8. „Daheim statt Heim" ist ein provokant gewählter Titel. Wie reagieren Sie, wenn der Titel zu dem Missverständnis führt, es sei für alte Menschen und Menschen mit Behinderungen grundsätzlich besser, wenn sie zu Hause von ihren Eltern oder ihrer Familie betreut werden würden?

Ich weise stets auf die Notwendigkeit hin, in jedem Falle die notwendige Unterstützung in der eigenen Häuslichkeit zur Verfügung zu stellen. Daher muss immer zeitgleich mit der Forderung der Auflösung von Heimstrukturen die adäquate Finanzierung ambulanter Strukturen gefordert werden. ‚Daheim statt Heim' ist kein Sparvorschlag.

9. Wie sehen Sie Ihre persönliche Rolle in der Bundesinitiative „Daheim statt Heim" und was können Sie von daher zur Arbeit der Bundesinitiative beitragen?

Ich bin Vertreter eines großen Trägers von Assistenzdienstleistungen, der auch noch über einen erheblichen Anteil stationärer Plätze für Menschen mit Unterstützungsbedarf verfügt. Ich bringe daher stets den Blickwinkel des ehemaligen Heimträgers mit und schütze die Initiative vor dem Ansehen, nur Instrument von Selbsthilfe-, bzw. Betroffenengruppen zu sein. Ich bringe auch immer in die Diskussion ein, dass formal stationäre Wohnplätze nicht mehr automatisch klassische Heimangebote sind. Zugleich habe ich darauf zu achten, dass die Sichtweise und Interessen von Leistungsanbietern immer mit berücksichtigt werden müssen, um letztlich gemeinsam erfolgreich zu sein.

10. Welche Zielvorstellungen verbinden Sie persönlich mit „Daheim statt Heim"? Welchen Schwerpunkt oder welche Schwerpunkte würden Sie persönlich bei der Arbeit der Bundesinitiative setzen?

Unterstützung anderer Anbieter sozialer Leistungen bei der Veränderung ihrer Angebote und Schaffung von Bewusstsein für die Ablehnung von Heimen und Anstalten.

11. Gibt es Ihrer Meinung nach noch weitere wichtige Aspekte zur Arbeit der Bundesinitiative „Daheim statt Heim", die bisher noch nicht oder zu wenig angesprochen wurden?

Nein.

Anhang 11: Fragebogen Prof. Dr. Klaus Dörner

Fragebogen zur Bundesinitiative „Daheim statt Heim"

Sehr geehrte Damen und Herren,

im Rahmen meiner Diplomarbeit zum Thema „Gemeindenahe Wohnformen für Menschen mit geistiger Behinderung" begleite ich seit einigen Monaten die Bundesinitiative „Daheim statt Heim". Die Arbeit der Bundesinitiative stellt einen zentralen Teil der Diplomarbeit dar und daher ist es für mich ausgesprochen wichtig, das Wissen und die Meinung einiger Experten, die in der Bundesinitiative engagiert sind, in meine Diplomarbeit mit einzubauen.

Aus diesem Grund möchte ich Sie nun bitten, an dieser Befragung teilzunehmen und auf die Fragen möglichst umfassend und ausführlich zu antworten, denn nur so ist es mir möglich, in meiner Diplomarbeit ein exaktes und detailliertes Bild der Bundesinitiative wiederzuspiegeln, was sicher auch in Ihrem Interesse ist.

Vielen Dank für Ihre Zeit und Ihr Interesse,
Mirjam Günther

---

1. Die Bundesinitiative „Daheim statt Heim" existiert nun seit beinahe einem Jahr. Wie würden Sie die Entwicklungen in der Arbeit und den bisherigen Erfolg der Bundesinitiative einschätzen?

Für mich überraschend positiv.

---

2. Welche Pläne und Strategien verfolgt die Bundesinitiative in ihrer momentanen Arbeit und wie gestaltet sich die Planung für die Arbeit im nächsten Jahr?

Im Fordergrund steht der „Heimbaustop" mit der Folge, Hilfe künftig kleinräumiger zu organisieren (= 3. Sozialraum). Natürlich sind jetzt mal Impulse für eine gewisse Organisation (z.B. Länder) notwendig.

3. Welche Rahmenbedingungen (z.B. in Form von Gesetzen) sind nötig, um die Ziele der Bundesinitiative „Daheim statt Heim" zu verwirklichen? In welcher Weise versucht die Bundesinitiative, diese Rahmenbedingungen zu schaffen, bzw. vorhandene Bedingungen zu ihren Gunsten zu verändern?

Bevor Gesetze Chancen haben muß es der Initiative erst mal um politisches Umdenken und Anstöße dazu gehen.

4. Welche Aspekte von „Daheim statt Heim" halten Sie für besonders positiv?

s.o.
Noch 2000 haben wir vergeblich versucht, das Heimproblem in den Bundestag reinzubringen („Heim-Enquete"), sind an den Profi-Interessen-Verbänden gescheitert. Heute kommt die Initiative aus dem Bundestag raus: politischer Fortschritt!

5. Wo sehen Sie Verbesserungs- und Entwicklungsmöglichkeiten in der Arbeit der Bundesinitiative?

Verbreitung der Aktivitäten hin zur bürgerschaftlichen Basis, damit die Initiative Bestandteil der „neuen Bürgerhilfe-Bewegung" wird.

6. Wo müssen weitere Schwerpunkte gesetzt werden und welche Aspekte müssen in Zukunft noch mehr Beachtung finden?

s.o.

7. Wer (welche Personengruppe) profitiert Ihrer Meinung nach am meisten von der Arbeit der Bundesinitiative „Daheim statt Heim" und warum?

Die betroffenen behinderten und alterspflegebedürftigen Bürger und ihre Familien, damit sie noch mehr Mut kriegen, ihren Willen zu äußern – und nur darauf reagieren die Profi-Verbände und –Lobbyisten.

8. „Daheim statt Heim" ist ein provokant gewählter Titel. Wie reagieren Sie, wenn der Titel zu dem Missverständnis führt, es sei für alte Menschen und Menschen mit Behinderungen grundsätzlich besser, wenn sie zu Hause von ihren Eltern oder ihrer Familie betreut werden würden?

→ kein Mißverständnis!
vielmehr Bürger- und Menschenrecht und seit 1961 (=BSHG) gesetzliche Vorschrift: ambulant vor stationär – für alle.
Daß für Erwachsene nicht mehr Eltern, sondern „eigene 4 Wände" gefragt sind, weiß heute (fast) jeder.

9. Wie sehen Sie Ihre persönliche Rolle in der Bundesinitiative „Daheim statt Heim" und was können Sie von daher zur Arbeit der Bundesinitiative beitragen?

Mit meinem Buch „Leben und sterben, wo ich hingehöre" habe ich eine Art Drehbuch für die Initiative geschrieben.

10. Welche Zielvorstellungen verbinden Sie persönlich mit „Daheim statt Heim"? Welchen Schwerpunkt oder welche Schwerpunkte würden Sie persönlich bei der Arbeit der Bundesinitiative setzen?

s.o. (Frage 9)
Das Konzept „Pflegestützpunkt" im Entwurf zum neuen Pflege-Gesetz kann man als 1. Erfolg der Initiative verbuchen.

11. Gibt es Ihrer Meinung nach noch weitere wichtige Aspekte zur Arbeit der Bundesinitiative „Daheim statt Heim", die bisher noch nicht oder zu wenig angesprochen wurden?

Stärkung der „neuen Bürgerhilfebewegung"